코펜하겐의 자전거

최연홍

도서출판 월인

서문

이 여행기는 한국에 살면서, 미국에 살면서 다녀 온 세상을 적어 놓은 에세이들이다. 대학교수로 학술회의가 열리는 세계의 도시들을 방문하면서 쓴 비망록이거나 제자들의 졸업여행 기념으로 찾아갔던 중국과 동남아, 한국의 산행, 그리고 필자가 준회원으로 속한 미주한인약사회가 주관한 브라질, 스칸디나비아/북유럽, 중국, 울릉도, 독도 여행에서 얻은 산문과 시 들이다. 여행은 언제나 시를 동반하거니와 여기 모인 글들은 모두 시인이 쓴 기행문이다.

내 집 문 밖에 나가면 여행은 시작된다. 낯선 다른 사람들이 살고 있는 도시와 마을, 나라는 언제나 새롭고 궁금하다. 그래서 여행은 언제나 필자를 유혹해왔다. 아무 것도 없는 사막에서 바라본 푸른 밤하늘의 영롱한 별, 멀리 보이는 인디안 마을의 불빛이 언제나 고혹적이다. 한려수도의 바다와 섬이 성웅 이순신을 생각하게 한다.

독도가 우리들의 가슴을 뛰게 한다.

여행이란… 좋은 사람과 함께 감동과 추억을 만드는 일. 추억 아니면 기억이 오랫동안 가슴속에 남아 오늘의 삶이 지치지 않게 하는 힘을 만들어 준다. 지금 이시간에도 난 여행 중에 있다.

삶 자체가 여행인 것 같아 행복하다. 그렇지 않다면 그렇게 만들어가야 한다고 말하고 싶다.

아름다운 삶, 아름다운 여행.

내가 아는 한 화가는 지금도 여렸을 적에 동행안 7번 국도를 도보여행하던 젊은 연인을 기억하고 있다. 그 기억이 그를 좋은 화가로 만들어주고 있다고 생각한다. 여행자의 추억 하나가 좋은 화가 한 분을 만들어 낸 힘, 아니겠는가.

이 책이 젊은이들에게 한국을 다시 보게 하며 세상을 따뜻하게 바라보는 혜안을 갖게 하기 바란다. 지구가 생명이 있는 유일한 천체이며 국경이 없는 터전임을 자각하게 하기 바란다.

돌이켜보면 삶은 처음부터 여행의 시작이고 매일 다른 여행의 선택을 주었다.

경이로움으로 가득한 길 위에 우리들은 서 있다. 그동안 필자의 여행기를 연재해 주신 서울자판기조합사보, 원자력 산업, 한국수자원학회지, 시문학, 코리아 모니터, 서울 『문학의 집』 월보에 감사한다.

최연홍

차례

시가 있는 여로—당나라의 소주(蘇州)

여행

내가 알아들을 수 없는 언어
내가 다 해독할 수 없는 역사
문학이
오히려 나를 유혹하는 구나

높은 하늘, 넓은 바다
피부 빛이 다른 사람들
하나뿐인 지구의 아름다운 존재가
나를 유인하는 구나
은전을 모두 길 위에 뿌리는
낭만주의자
조그만 나라로부터
주어진 일상으로부터
멀리 떠났다

조금 더 큰 고향으로 돌아와
주어진 일상으로부터
새로움을 찾아
활력을 찾는다

일상의 생활이 산문이라면 여로는 시(詩)가 된다. 월요일에서 금요일까지가 산문이라면 토요일, 일요일 주말은 시가 된다. 여행을 좋아한다. 여행을 좋아하지 않을 이유가 어디 있겠는가? 정해진 틀에서 밖으로 나오는 기쁨 속엔 자유가 있다. 사람들은 모두 시를 사랑하고 자유를 사랑하는 성품을 갖고 있다. 초등학교 소풍으로부터 어른들의 먼 여행까지. 시는 아름다움을 그 안에 두고 있으며 자유는 어디론가 떠날 수 있는 가벼움을 동반한다. 주말이면 산에 오르는 이웃들 마음속에도 시가 있고 자유가 있다. 산 속에 사람(人)이 있으면 신선(神仙)이 된다.

나는 외국으로 떠나는 여행의 기쁨도 누리며 산다. 언어도 생소하고 역사도 다르고 문화도 다른 나라로 가서 그들의 언어에 귀 기울이고 역사를 배우고 문화도 터득하는 기쁨은 내게 돈으로 살 수 없는 기쁨이다. 나는 외국어에 능하지 않지만 그들의 말 듣기를 좋아한다. 불란서어든 러시아어든 중국어든 일본어든 나는 그들의 말을 듣는다. 언어의 음악성, 글자의 상형을 감지한다. 뜻을 몰라도.

미국 의회도서관에서는 외국시인을 초청해서 시 낭송모임을 연다. 나는 우리말로 내 시를 낭송하고 미국친구들이 영어로 번역된 시를 낭송한다. 나만이 아니라 세계의 저명한 시인들, 노벨 문학상을 받은 시인들이 그렇게 모국어로 그들의 시를 낭송하고 미국인들이 영어로 번역된 시를 낭송한다. 외국 시인의 영어가 훌륭해도 반드시 모국어로 시를 낭송하게 하는 의회도서관의 뜻을 이해할 수 있다.

사람들이 사는 세상이 다양해서 좋다. 사람들의 얼굴, 건축, 미술관, 박물관이 나를 반긴다. 그리고 그들의 역사와 문화를 이해한다. 여로를 감사한다. '하나뿐인 지구'엔 생명이 있다. 생명은 아름다움의 원천이 아니겠는가?

여로에서 사람들은 여행의 기념비적인 사진 찍기를 좋아한다. 나는 여로에서 사진대신 시를 얻기를 좋아한다. 그래서 내 시는 이미지(image)다. 나는 이미지스트. 마음에 드는 시 한편 얻으면 행복감에 젖는다. 나는 최근 중국여행에서 다시 소주(蘇州)에 들렸다. 마르코 폴로가 '동양의 베니스'라고 부른 미녀(美女)와 비단의 도시로 유명하지만 장계(張繼)의 풍교야박(楓橋夜泊)이란 시로 유명하다. 장계는 이태백이나 두보, 백거이보다 못한 시인이지만 '풍교야박'이란 시 한 편으로 중국역사에 남는 시인이 되었다. 28자로 쓰여진 이 시 한 편이 그를 영원한 시인으로 만들어 놓았다. 여기 그의 詩를 그대로 옮기고 우리말로 어설프게나마 번역해 독자들에게 소개한다.

月落烏啼霜滿天, 江楓漁火對愁眠
姑蘇城外寒山寺, 夜半鐘到聲客船

달은 저물고 까마귀는 서리 내리는 하늘아래 울고 가누나
풍교 밑에 떠있는 낚시 배에 켜진

희미한 불빛 소주성 너머 한산사를 비추고
절간의 종소리 내 뱃전에 닿아 한밤의 정막을 깨누나.

이 시인은 과거에 떨어지고 나서 그의 서글픈 심정을 이렇게 고백했다고 전한다. 당시대의 한산사에는 지금도 그 종이 있고 거기 가면 은은한 종소리를 들을 수 있다. 한산사 옆의 다리 밑으로 운하가 그대로 있다.

나도 소주에 들러 시 한 편을 얻었으니 행복한 여로를 감사한다.

蘇州에서

당나라 사람들의 집, 거리, 정원,
탑, 절이 거기 있다
張繼의 楓橋夜泊이란
시 한 편이
蘇州의 美女보다
비단 옷 보다
더 아름다운 것을
어찌 하랴

당신의 젖가슴,
허리,
둔부의
치수를 재어

비단옷
한 벌
해주려는
내 뜻도
詩 한 편보다
못한 것을
다시
寒山寺에 와서
알았노라

장계의 시와 함께 내 시 한 편을 감상해 주시기 바랍니다.

시는 견고한 나무의 고운 결같이 우리들 삶 속에 있다. 그냥 지나쳐 버릴 수도 있는 숲속의 나무, 그 나무의 속살을 들여다 볼 수 있는 사람이면 시가 주는 의미를 터득하리라.

문학이나 예술도 그런 시와 같고, 나무와 같다. 목각에서부터 집을 짓는 재료로의 나무를 고마워하듯 우리들에게 평화를 주는 숲을 고마워하듯 시를 고마워하고, 여행을 고마워한다. 자유로움을 고마워하며 산다. 나는 이 세상에서 가장 사랑하는 사람들과 숲길을 걷기 좋아한다. 시가 있는 숲길을 끝없이 걸어간다. 그 이상의 행복이 이 지상(地上)의 어디에 있겠는가?

양자강 유람기

촉나라의 서울 성도(成都)는 사천성(四川省)의 수도. 중국 남서지역의 거대 도시. 그러나 그 어느 것보다도 유비가 세운 촉나라의 서울로 지금도 남아있다.

등소평의 고향이라지만 그 작은 거인의 흔적은 어디에도 보이지 않는다. 모택동의 거대 동상이 이 도시에 아직도 건재하지만 이 도시를 찾는 사람들에겐 유비와 제갈공명, 관우와 장비, 조자룡과 다른 장군들의 도시이다.

유비의 묘가 산처럼 만들어져 있지만 유비보다도 유비를 성공시킨, 촉나라를 있게 한 제갈공명이 더 존경받는 듯 했다. 우리가 머물던 은하왕조호텔 로비엔 대리석으로 조각한 공명이 앉아 있었다. 그의 지략은 '죽은 공명이 산 사마의를 두 번이나 패하게 했다' 지 않은가?

그러나 그의 머리보다도 더 중요한 것은 그의 충의, 충절이 아닌가

중국의 시성 두보의 집에서 사천성 성도

생각된다. 그는 유비가 죽은 후 그의 아들을 받들어 촉나라를 지킨다.

유비가 세 번이나 찾아갔을 때 공명도 거부하지 못한 유비의 인품보다도 공명의 지략, 충의가 삼국지연의의 라관중을 사로잡았지만 지금도 중국인들은 모두 라관중처럼 삼국의 전쟁사를 읽고 있다.

유비가 공명을 얻지 못했다면 감히 나라를 세웠을까? 감히 조조와 손권과 더불어 삼국을 정립했을까? 2000년 훨씬 넘는 중국역사에서 삼국지보다 재미있는 시대는 없다.

중국인만큼 한국인도, 일본인도 삼국지에 관심이 많다. 삼국의 역사는 반세기에 그쳤지만 그 전쟁사는 어느 전쟁사 못지않게 찬란하다. 제갈공명은 삼국의 세력 균형을 통해 평화를 유지하려 했지만 천하를 통일하려는 조조, 손권, 유비는 끝없는 전쟁을 계획하고 치렀다.

삼국지라는 소설이 정사(正史)보다도 더 사실적으로 우리들 마음에 닿는 것은 왜일까? 어머니의 약을 얻으러 다니는 유비. 그와 관우, 장비와의 도원결의. 공명의 지혜로 이긴 적벽대전. 촉나라 건설… 그리고 멸망. 그러나 멸망하지 않는 것은 그들의 인간성, 인간관계가 아닌가.

현대사회가 인정을 잃어가고, 의리를 잃어가고, 충절을 잃어가기 때문에 현대인들은 삼국지를 좋아하는 것 아닌가 몰라. 그 속엔 유비, 관우, 장비와 공명이 있기 때문이다.

관우가 손권에게 사로잡혀 죽임을 당하자 장비는 형의 죽음에 대한 복수로 이성을 잃는다. 이를 본 두 부하는 자고 있는 장비의 목을 베어 양자강 물속에 던진다. 거기서 멀지 않은 백제성에서 유비는 죽는다. 두 아우를 잃은 유비 또한 대군을 거느리고 손권과 싸웠으나 패퇴해 백제성으로 달아난다. 거기서 죽는다. 감정적 전쟁은 패한다. 공명은 그것을 알고 있었다.

관우는 형주성과 깊은 인연을 맺고 있다. 손권이 그의 영토로 삼으려는 전략적 요충지를 유비 또한 놓치고 싶지 않아 관우를 거기 지키게 한다. 관우가 결국 사로잡혀 죽임을 당하지만 형주박물관엔 적토마와 긴 칼이 그의 생존을 지키고 있다.

백제성은 중국의 아름다운 삼협(三峽)의 시작에 있다. 양자강은 황토의 빛으로 유유히 흘러가고 있지만 협곡은 역시 아름다운 풍광인 것을 어찌하랴. 당 · 송 · 명 · 청시대의 시인, 묵객이 그 아름다운 자연을 찬미해도 모자란다. 소삼협(小三峽)으로 작은 배를 타고 들어가면 물색은 초록이 된다. 정말 비경(秘景)은 바로 거기다. 석회암 지대.

선사시대 사람들은 그 절벽에다 죽은 사람을 관에 담아 올려놓았다. 그 후 절벽에다 구멍을 파고 한 사람씩 지날 수 있는 다리를 만들었다는 전설이 사실로 규명되는 일련의 구멍들이 남아 있음을 본다. 현대인이 상상할 수 없는 고대인, 아니 2000년 전 사람들의 지혜와 여유를 본다. 미국의 인디언들은 그런 절벽에 구멍을 파고 살지 않았던가?

삼협댐이 완성되면 양자강 연안의 문화인류사적인 유적들은 물에 잠긴다. 장비의 묘도 가라앉고 고잔(古棧)도, 바위구멍들도 사라진다. 강 연안의 무성한 오렌지 밭도 많이 사라질 것이다.

지금 양자강 중류엔 만리장성 이후 최대의 역사(役事)가 진행되고 있다. 중경과 무한사이, 무한 가까이 의창(宜昌)에 강을 막는 댐 공사가 한창이다. 2009년 완공될 예정이라는 이 공사는 댐 길이 2Km, 180미터의 댐 높이, 저수지는 거의 한반도 길이인 700Km, 700Km 상류 중경의 수위가 2미터 올라갈 것이라니 놀랄만한 사업이다. 댐 근처의 수위는 180미터가 되니까 도처에 수몰지역 표시판이 꽂혀있다. 170미터, 135미터, 120만 인구가 산중턱, 정상으로 이주할 계획이다. 새로 산꼭대기에 아파트 건설이 한창이다. 10여만 인구가 이미 정든 옛집을 떠났다.

댐이 건설되고 다섯 개의 갑문을 만들어 만톤짜리 선박이 상해와 중경을 오르내리게 한단다. 지금은 2천 톤짜리 선박이 다닐 정도다. 그러나 댐에 쌓이는 토사가 100년 만의 대홍수에도 댐의 안전이나 갑문의 안전을 보장할까 걱정이다. 미국정부나 세계은행은 한 푼도 이

사업에 투자하지 않았다. 안전도 그렇고, 환경파괴도 이만저만이 아니기 때문이다. 이 댐건설에 반대한 작가는 10년형을 살고 있다. 공산당 정부가 있기에 가능하다. 그리고 유럽, 캐나다, 일본 돈이 있어서 가능하다.

에너지 공학을 전공한 이붕(李鵬) 전 총리의 과감한 결단이 이 댐공사를 가능하게 했다. 그러나 1912년 손문이 처음 양자강을 막아 홍수피해를 줄이고 풍부한 수력발전을 해서 경제발전을 성취하자는 꿈은 있었다. 그 꿈은 결국 70년 후 1992년에 이루어졌다.

수력발전은 매시간 846억Kw 전기를 생산하게 한다. 그러면 5천만 톤의 석탄, 2천5백만 톤의 중유(重油)를 절약하게 한다. 깨끗한 에너지공급은 홍수통제보다 더 중요한 댐공사의 목표가 될 것이다. 중국의 에너지源인 석탄이 수력발전으로 대치되면 중국, 한국이 당하고 있는 산성비의 피해도 상당량 줄어들 것이다.

양자강 연안을 지나면서 가난한 사람들을 많이 보게 된다. 중경에서 유람선을 타러 포구로 내려가는 길, 백제성으로 오르는 나루터, 아름다운 소삼협의 가난한 아이들을 보면서 나는 환경주의자이면서도 경제발전이 절대적으로 필요하다고 생각하게 된다. 백만 개의 일자리가 수력발전으로 가능하게 된다.

물론 댐의 안전이 어떻게 보장되느냐가 우선적으로 해결되어야 한다. 댐이 완성되면 무한의 공업지대, 남경의 산업지대를 거쳐 상해에 이르는 쓰레기가 양자강의 희석작용 없이 황해에 쏟아져 들것이라는 우려도 있다. 그러나 중국은 경제적 발전을 거두면서 환경행정과 정책을 잘 실행할 것으로 본다.

북경정부는 이미 환경을 강조하고 있다. 다른 나라들이 국민평균 소득 3,000달러였을 때 환경에 눈을 떴지만 중국은 400달러 시대에 눈을 떴다고 자랑한다. 중국은 최근 시장경제 유인정책을 도입하고 있다. 환경규제만을 사용하지 않겠다고 선언했다.

양자강, 아마존강, 미시시피강 다음의 장강(長江). 6,000Km 이상의 긴 강은 황토색 빛깔로 지금도 유유히 흐르고 있다. 중국의 험난한 역사를 담고 황해로 흘러간다. 갑판 위에서 술을 마시며 달을 본다. 달빛이 떨어진 강물은 황토색이 아니어서 좋다.

강 연안의 수많은 도시, 마을, 협곡을 지나면서 역사는 이렇게 강물처럼 흐르는 게 아니냐고 혼잣말로 중얼거려 본다.

북경여행기

방재공학을 전공하는 대학원생들의 졸업여행에 따라 나섰다. 토요일 저녁 인천공항을 떠나 화요일 오후에 돌아오는 주말여행이었다. 한국과 중국은 주말여행 거리에 있는 이웃나라… 미국에 살고 있었을 때 한국은 늘 마음속에 있어서 가까운 나라였지만 중국은 멀고 먼 나라였는데 한국에 돌아와 보니 중국은 너무나 가까운 나라가 되어 있었다.

북경공항은 새로 지은 현대식 건물로 발선 상징의 관문으로서의 모습을 보여주고 있었다. 비행기 안의 음식이 너무 가벼워 우리는 호텔에 여장을 풀고 가까운 음식점에 가서 기름에 볶은 국수로 요기했다. 이미 요리사가 가버린 한밤중이었기에… 그러나 북경의 국수는 중국 남부의 음식과는 달리 우리 입맛에 맞았다. 한국인들이 즐겨먹는 음식은 거의 모두 북경음식이다. 자장면, 짬뽕이 그렇다.

이튿날 우리 일행은 명나라 황제들의 무덤인 명13릉 관광에 나섰다. 북경은 명나라 시대 중기 이후에 중국의 서울이다. 남경에서 북경으로 수도를 옮긴 명나라는 북방으로 진출을 꿈꾸고 있었던 것이다. 명나라가 망하고 청나라가 중국을 정복하고 중국화해 버렸으니 누가 망하고 흥했는지 분명치 않다. 그러나 북경으로의 천도는 만주족의 중국정복을 가능하게도 했고 만주족의 중국화도 가능하게 해 주었다.

명나라 황제의 무덤 13기 가운데 하나를 열어 관광객에 보이고 있다. 풍수지리설에 의한 명당인 듯 산자락에 놓여있다. 지하로 들어가는 층계에서 무덤의 묘지가 역사의 가장 중요한 사지가 됨을 알게 했다. 서안의 진시황 무덤, 경주의 신라왕 무덤, 서울 인근의 조선왕조의 무덤, 이집트의 피라미드, 스핑크스…

무덤으로 가는 길옆으로는 과수원이 펼쳐져 있고 늦가을 사과밭이 인상적이었다. 그러나 명 왕릉 곁에는 감나무가 잎이 떨어진 뒤 꽃처럼 남아 있었다. 감은 한국, 중국, 일본의 상징이다. 감나무, 감꽃, 감이 주는 동양적 정서는 미국에서 보면 더 동양적이다. 우리나라에는 흔한 감나무가 미국이나 유럽의 나라에서는 보기 힘들다. 감나무 밭에 세워진 명나라 왕릉의 모습은 감나무를 잊기 어렵게 만든다.

오후엔 북경에서 가까운 만리장성을 찾아 나섰다. 달에서 찍은 지구사진에 유일하게 나타나는 인간의 문명은 바로 만리장성이다. 진시황 이후 북방민족으로부터의 침략을 저지하기 위한 만리장성은 몽고족이나 만주족으로부터의 침략에 얼마나 유용한 성벽이었는지 나는 모른다. 아무런 쓸모가 없었기에 몽고와 만주는 중국을 지배했던 것 아닐까? 험한 산성을 만들기 위해 얼마나 많은 중국인들이 땀 흘리고 죽어가야 했었는가? 그러나 20세기, 21세기 세계인들에게 보여 줄만한 문화유적지가 아닌가?

불란서의 베르사이유 궁도 군주정치 밑에서 많은 불란서인들의 노력이 만든 것일 진데 이제는 인류의 문화유적이 되어 현세의, 후세의 지구인들에게 소중한 것이 되어있다.

우리나라의 석굴암, 불국사, 종묘, 수원성, 비원은 중국의 만리장성이나 불란서의 베르사이유 궁에 비해 민원이 적었을 공사였으리라. 우리나라 전제군주들은 그만큼 민초들을 착취하지 않았다는 생각을 하고 있을 때 용경협에 도착했다. 북경의 계림(桂林)이라는 아름다운 협곡은 댐을 만들어 물을 저류해 놓고 관광객들을 선상으로 유인하고 있다.

지는 저녁 해를 바라보며 우리들은 자연의 아름다움에 취해 있다. 그러나 여기는 중국 남서쪽의 계림과는 다른 풍치다. 12만봉의 계림, 자연스럽게 흐르는 리강, 저강에 배를 띄우는 정서와 다르다. 그러나 북경 근처의 용경협은 관광객을 유인할 충분한 자격이 있다.

북경에 왔으니 오리구이로 저녁식사를 즐기고 서커스 관람으로 북경의 밤을 지냈다. 공산주의 나라엔 서커스가 발달되었는데 인민을 즐겁게 해주는 유일한 오락시설임에 틀림없다. 러시아, 북한, 중국 서커스 가운데 북한이 제일이라고 한다면 북한 공산주의가 가장 '악질적' 공산주의라는 것을 증명하는 듯하다. 서커스 단원들은 비인간적으로 동물처럼 사육해야 그런 연기가 나올 것이다. 중국 서커스는 이제 시장 경제 영향 탓인지 잔인한 것을 느끼지 않게 해 주었다.

다음날 아침 우리들은 중국의 상징인 천안문 광장으로 나섰다. 중국 정부의 청사들이 거대규모로 광장의 위엄을 보이고 있다. 모택동의 초상화가 천안문을 지키고 있다. 그가 장개석의 국민당과 싸워 이겨서 세운 공산당 정권이 그의 말기에 결국 중국역사를 30년 후퇴시켰다 해도 그는 중국을 통일한 위인으로 남는 것 아닐까? 문화혁명이라는 불필요한 혁명을 그는 왜 저질렀는가? 홍위병을 동원해 유소기, 등소평 등의 실학파들을 제거하지 않았더라면 그는 더 존경받는 인물이었을 텐데. 그의 아집도 역사상의 전진을 막을 수 없었고 중국은 등소평 아래에서 진짜 개혁에 성공했다. 등소평의 사진이나 초상화가 거기 걸려있을 만한데 보이지 않았다. 등소평의 고향인 사천성 성도에 가도 등소평은 보이지 않고 모택동의 동상이 서 있었으니…

천안문은 세계 최대의 박물관이자 고궁인 자금성 앞뜰에 해당된다. 자금성은 청나라 황제들이 만들어 놓은 궁궐, 경복궁은 자금성 규모에 비하면 문간채나 되겠지만 그만큼 중국과 한국의 규모는 비례한 것 아닐까? 우리나라에 자금성이 있다 해도 잘 어울릴 것 같지 않다. 어마어마한 궁궐은 왕이 어디서 잠들지 모르게 하는 불안 때문에 만들어졌다. 오히려 경복궁 안에서 편안하게 잠들던 조선의 왕이 행복했으리라. 자금성 안에서 우리 일행은 혼돈의 늪에 빠졌다. 인파 속에서 우리 일행 중 두 사람을 잃었으니 당황했다. 그러나 나오는 문에서 그들은 우리를 기다리고 있었으니 지혜는 자금성보다 더 큰 것임을 느끼고 있었다.

오후엔 서태후의 여름별장인 이화원을 둘러보았다. 서태후, 그녀는 청나라의 여걸임에 틀림없다. 권력의 맛을 본 여자는 남자보다 무서웠고 그녀의 아들을 죽일 수도 있게 했다. 미모의 남자들을 그녀의 성의 노예로 삼을 수 있었던 여자. 그 여자가 여름별장을 짓고 산을 파내어 호수를 만들어 뱃놀이를 할 수 있도록 했으니 그는 여걸임에 틀림없다.

쓰러져 가는 청을 지키기 위해 그녀는 최후의 노력을 다했으나 수포로 돌아갔고 손문은 청을 만주족이 세운 나라로 비난해 공격한다. 일본과 유럽 열강이 중국을 유린할 때 안으로는 공산당, 국민당의 전쟁으로 중국을 파괴하기 시작할 때 청은 사라지고 만다.

이화원도 후일 뜨거운 여름을 지낼만한 북경인의 공원이 되었으니 역사는 서태후의 지혜를 높이 사는 것 아닐까? 물이 귀한 북경에 큰 호수를 만들어 놓았으니 다행이다.

화요일 아침, 청나라가 하늘에 제사를 지내던 천단공원을 둘러보고 북경공항으로 나왔다. 조선호텔 옆에 원구단이란 제사 터가 있다. 천단공원은 원구단의 10,000배 규모가 된다.

사직공원이나 원구단, 천단공원 모두 하늘에 비는 제사터다. 황제가 하늘을 우러러 지상의 농사를 축복하게 해 달라는 주문 속엔 자연의 재난을 금해 달라는 뜻이 있다. 홍수, 태풍, 화재, 지진을 막을 수 있는 길은 오직 기도밖에 없음을 그들은 모두 알고 있었던 것 같다.

인간이 만든 재난에는 과학적 해답이 있지만 천재지변엔 속수무책인 것은 예나 지금이나 같다. 방재공학이란 학문은 새로운 학문이다.

우리 일행이 천단공원을 마지막으로 졸업여행을 마친 것은 우연의 여행계획 때문이었지만 나는 서울로 돌아오는 비행기 안에서 오랫동안 생각하고 있었다. 현대인들에게도 천단공원, 원구단, 사직공원이 필요하다는 것을…

홍콩의 3박 4일

홍콩에 처음 발을 디뎠을 때는 1968년 5월이었다. 필리핀 국립대학 행정대학원이 있는 마닐라에서 1년 유학생활을 마치고 미국 샌프란시스코로 가는 선박의 가장 값싼 선실에 몸을 싣고 처음 도착한 항구가 홍콩이었다. American President란 배는 유람선이었다. 지금도 그 유람선이 마닐라→홍콩→하와이→샌프란시스코를 운항하고 있는지 모르지만 그 배는 홍콩에서 이틀 머물고 있었다. 배 안에서 자고, 아침이면 홍콩을 구경하고 다녔다.

가난한 유학생 시절이라 만년필 하나 샀던 기억이 난다. 마닐라에서 살다 홍콩에 오니 우리나라 남쪽 포구에 닿았던 느낌이고 한자의 친근함이 외국이라고 느낄 수 없었던 영국의 식민지가 거기 있었다.

2층 버스가 다니고 만국종이 분주하게 움직이고 있었던 국제 자유항. 아세아의 도시국가였다. 중국 땅이지만 영국의 식민지로 100년 지내다 2000년 중국으로 돌아온 남 중국해의 아름다운 섬. 홍콩은 향기로운 항구(香港).

중국은 홍콩을 통해 세계로 창을 열어 두었다. 자유무역의 혜택을 통해 중국의 값싼 노동력과 자원으로 만든 생산품을 세계 시장으로 내다 팔았다. 홍콩의 뒤안에는 광동의 발전이 있었다. 지금도 상해보다 훨씬 더 많은 선박이 드나드는 항구다.

상해가 홍콩을 능가하는 국제 상업 · 금융 도시로 부상할 것이라는 기대가 있지만 양자강 끝, 황해연안에 위치한 상해가 홍콩만한 항구를 유지하기는 어려울 것이다. 물론 상해가 갖는 입지가 홍콩보다 훌륭한 지정학적인 강점도 있지만 홍콩이 지난 100년 쌓아올린 공적과 이미지는 쉽게 깨지지 않을 것이다.

1968년 5월 아침이 오면 배안에서 식사를 하고 홍콩의 분주한 거리를 찾아 나섰다. 그것이 내가 즐길 수 있었던 홍콩이었다. 그때 그 선박 안에는 마닐라에서 가톨릭 신부(神父) 수업을 마친 내 또래의 한국인 친구가 함께 타고 있어서 그 젊은 신부와 홍콩을 구경했던 기억이 난다.

그리고 그 선박의 주방장이었던 하와이 출신의 한인 2세가 있었다. 그는 나를 한국음식점에 초대해 주었다. 그때도 홍콩의 중심가에 큰 규모의 한국음식점이 있었다. 주방장의 온정으로 좋은 저녁식사를 즐겼던 기억이 엊그제 같은데 벌써 40년 가까운 세월이 흘렀다.

그 후 계림(桂林)에 가는 길에 홍콩에 들렀다. 1997년 봄이었다. 홍콩 하루 관광을 하고 보석상에 들려 아내와 딸에게 줄 작은 선물을 샀던 기억이 난다. 거리에서는 한국 돈으로도 여러 가지 물품을 싸게 살 수 있었던 기억이 있다.

2004년 3월 홍콩을 유일한 목적지로 한 첫 번째 여행을 했다. 내 딸이 뉴욕에서 일하다 회사의 홍콩 사무실로 전근 왔기 때문에 딸을 보러 간 여행이었다. 딸은 지난해 11월, 2년 계약으로 홍콩에 와서 한국에 이미 세 차례 아빠를 만나기 위해 왔었다.

딸의 사무실은 홍콩의 중심가에 있었고, 산정(山頂) 가까이 35층 아파트 창으로 홍콩의 마천루가 내다보이는 호화로운 아파트에 살고 있었다. 모든 교통수단은 택시였다.

여장을 푼 뒤 산정에 오르는 케이블카를 타고 정상에 올랐다. 그 전 여행에서도 똑같이 케이블카로 산정에 올랐었는데 이번에는 산정에서 산 아래로 등산로를 따라 내려갔다 다시 산정으로 올라왔다. 등산로가 만들어져 있는 홍콩의 자연공원이 잘 조성되어 있다.

홍콩이 마천루의 항구 도시이지만 자세히 보면 자연과 녹지를 가능한 살리면서 만든 도시계획이 칭찬할 만하다. 일방통행으로 좁은 길을 만들었고 아파트와 아파트 사이에 녹지가 그대로 보전되도록 도시가 설계되어 있다. 50층 고층 아파트 위로 독수리가 날고 있었다. 아파트도 건축양식이 모두 다르다. 서울의 아파트와 아파트 사이에 공간이 없는데 홍콩에는 도시 속에 산책로가 있다.

태국 음식점에서 저녁식사를 하며 첫날 저녁을 지냈다.

이튿날 자동차로 한 시간 거리의 바닷가에서 점심식사를 하고 재래시장을 둘러보았다. 우리나라 남대문시장, 동대문시장 같은 홍콩 시장엔 중국인과 외국인 관광객으로 가득차 있었다.

다시 매도(梅道)에 있는 아파트로 돌아왔다가 저녁식사를 다른 섬에 있는 음식점으로 향했다. 30분쯤 배로 이동하는데 오고가는 뱃길에서 보는 홍콩의 밤이 인상적이다. 딸아이의 친구들이 저녁식사에 함께 해주어서 그 저녁은 더 훌륭했다. 딸처럼 미국에서 태어나 성장한 아이들이 홍콩을 통해 아시아를 많이 터득하고 있었다. 홍콩은 아시아의 관문이다.

그 이튿날 점심(點心)식사는 시청의 점심식당으로 갔다. 일요일이어서인지 기다리는 시간이 길었다. 식탁에 앉으면 여러 가지 음식들을 실은 구르마가 오고, 우리들은 거기서 14가지의 음식들을 먹었다. 관광객들이 들리는 명소가 되어 있었다.

거기서 나와 홍콩의 백화점을 둘러보고, 중국 전통의 옷가게도 둘러 보았고, 골동품 상가도 들러 보았다. 백화점은 뉴욕이나 서울과 다를 것 없었고, 비쌌다. 저녁식사는 딸의 아파트에서 간단하게 했다.

이튿날 아침 딸은 직장으로 갔고 나는 중심가에서 공항으로 가는 전철을 탔다. 30분, 네 정거장 만에 오는 공항이 마지막 역이었다. 홍콩과 공항은 전철이 직행하고 좋았다. 들어갈 때는 딸이 보내준 자동차로 갔지만 나올 때는 전철이 더 빨랐다.

40년 전의 홍콩이나 7년 전 홍콩은 완전히 사라졌다. 내 딸이 할머니가 병원에 입원하셨을 때 할머니 병실을 찾아왔고, 장례식에 맞추어 찾아올 수 있었던 사실이 모두 하늘의 뜻으로 보였다. 딸이 뉴욕에 있었더라면 할머니가 가는 모습을 지켜보기 어려웠을 것이다. 가난한 사람들의 빨래가 아파트 창가에 깃발처럼 널려 있었던 홍콩의 풍경은 이제 사라져가고 있다. 습도가 높은 홍콩의 기후 때문에 빨래가 깃발처럼 나부끼고 있는 지역도 아직 남아있기는 하다. 뉴욕의 맨하튼 같은 홍콩이 국제 상업도시로 자리잡고 있다. 40년 전 American Presidents를 타고 미국유학길에 오른 나는 청년이었는데 이제 노교수가 되어 있으니 세상도 많이 변한 것을 어찌하겠는가? 100년 전 작은 어촌이, 60년대 막 아시아의 자유무역 도시로 성장해서 이제 마천루의 도시가 된 역사 속에 나와 딸아이의 역사도 조그맣게 들어있다.

모스코바(MOSCOW)

모스코바, 냉전시대 워싱턴과 쌍벽을 이루었던 두 도시가 이제 서로 화해와 평화의 도시로 변하고 있다. 그러나 모스코바에는 아직도 공산주의 혁명을 이끌었던 레닌의 동상이 서 있고, 스탈린의 무서운 정치가 있었던 크렘린궁(宮)이 과거의 어두운 그림자를 떨쳐내지 못하고 있는 듯하다.

하지만 거기에 가보면 그동안 우리의 기억 속에 있었던 모스코바가 오히려 아름다운 도시인 것을 알게 된다. 워싱턴이 아름다운 도시라면 모스코바 또한 아름다운 도시이리라. 포토막강이 흐르는 도시는 오카강과 볼가강이 흐르는 도시와 근사함을 드러내지만 그 도시는 200년 된 워싱턴과 달리 서울보다 긴 역사를 그 강물에 띄우며 서 있다.

역사는 도시를 더 아름답게 만드는 역할을 한다. 제정 러시아 역사와 공산주의 혁명, 냉전의 역사를 거쳐 고르바초프의 개혁, 옐친의 대저항을 거쳐 민주주의를 향한 슬라브족(族)의 숨결이 거기 들린다. 푸쉬킨의 미술관이 거기 있고, 톨스토이의 집이 거기 있고,

모스코바 바실리 사원

차이코프스키 음악원이 거기 있고, 볼쇼이 발레가 거기 있고, 경탄할 만한 서커스가 거기 있다. 스탈린의 통치아래 러시아 정교회는 크게 탄압 받았지만, 문학예술은 탄압받지 않았다. 순수문학예술이 숨죽이고 있었지만 절명하지는 않았다. 그래서 보리스 파스테르나크의 <닥터 지바고>가 나올 수 있었다.

지금 모스코바는 혼돈의 도시. 공산주의로부터 자유시장경제체제로의 전환을 위한 진통을 겪고 있다. 유순한 사람들의 나라, 미남미녀의 나라는 결국 혼돈과 진통 뒤에 새로운 러시아의 영광을 만든 것이다.

러시아 사람들은 우리들이 발음하듯 '모스코바'로 그들의 도시를 부른다(정확하게는 모스크바). 우리들의 발음하는 모스코바는 원음을 그대로 따르고 있다. 모스코바의 기록은 3000년 전 신석기 시대부터 사람들이 살아온 자취를 갖고 있다. 슬라브종족이 모스코바 근처, 브자타치에 몰려 살다가 오늘의 도시 형태를 취하게 되었다. 모스코바가 마을 이름으로 나타난 시기는 1147년. 모스코바에 목책을 세우고 도시를 이룬 유리 돌고르키 왕자가 지금도 모스코바인의 존경을 받고 있고, 그의 기념비가 그것을 확인해 주고 있다.

몽고군(軍)이 1237~38년 모스코바를 완전히 파괴하고 만다. 13세기 후반 모스코바는 부활되었고, 오늘의 모습을 보이기 시작한다. 14세기, 15세기 초엽 모스코바는 큰 규모의 공업 상업인구의 도시로 변한다. 15세기 후반 이반 3세의 통치아래 모스코바는 러시아의 수도가 된다.

모스코바 크렘린궁은 15세기 초엽에 건축되었고, 그 시대의 명물이 되었다. 도시를 외침(外侵)으로부터 방어하기 위하여 남서쪽으로 노보데비키, 남쪽으로 돈스코이와 다니로브스키, 남동쪽으로 시모노브와 노보스파스키, 동쪽으로 안드로니코브의 성채의 도시를 건설했다.

상공업의 도시가 융성해지면서 과학과 예술의 발전을 보여주기 시작했다. 이 시기에 도모스트로이와 스토그라브와 같은 원고들이 쓰여졌고, 크렘린이나 포크로브스키 사원과 같은 건축물이 나왔고 러시아어로 인쇄된 이반 훼어도로브의 <아포스톨>이 나왔다.

모스코바는 17세기 폴란드-리투아니안 군대에 의해 점령되고 만다. 그러나 미닌이란 세일즈맨과 포즈하스키 왕자가 조직한 민병대가 1612년 모스코바를 되찾는다.

피터대제 1세 통치아래 모스코바는 예술과 과학의 도시로 크게 변모한다. 러시아 전체도 부강한 나라로 성장한다. 1703년에 처음으로 인쇄된 일간지 <베도모스티>가 간행되었으며, 1755년 모스코바 대학이 문을 열었다.

모스코바 건축은 18세기 후반에 들어 절정을 이룬다. 러시아의 위대한 건축가 V. I. 바즈헤노브가 지은 상원건물이 유명하다. 19세기에 들어와 모스코바는 정치와 경제의 중심도시로 떠오른다. 나폴레옹이 모스코바를 침공했을 때 "내가 키에브를 탈취하면 러시아인들이 내 발 앞에 무릎을 꿇을 것이고, 세인트 피터스버그를 탈취하면 러시아인들은 내 발 앞에 머리를 수그릴 것이요, 모스코바를 탈취하면 러시아인들의 심장이 박살날 것"이라고 말했다.

민병대가 1812년 조직되어 불란서 군대의 침략을 저지한다. 유명한 브로디노 전투가 8월 모스코바에서 멀지 않은 곳에서 벌어졌다. 그 전투는 나폴레옹의 승리로 돌아갔다. 그러나 나폴레옹은 여기서 망한다. 모스코바 사람들은 퇴각하면서 모스코바를 완전히 자기 손으로 불태우고 파괴한다. 방화와 기아 속에서 나폴레옹 군대는 모스코바를 점령했지만 떠날 수밖에 없었다. 다시 되찾은 모스코바는 새로이 잿더미 위에서 재건된다. 그때 러시아의 건축가 브버, 그리고 리브가 활약한다. 정확하게 오늘의 모스코바는 그때 건축되었다. 알렉스드로브 정원, 볼쇼이와 마리 극장들이 있는 극장가(街), 마네즈, 그라디스카야 병원이 그때 건축물이다.

파괴된 도시가 새로운 도시로 변모되었을 때 모스코바는 봉건군

주시대의 도시로부터 부르주아의 도시로 변모한다. 19세기 후반 모스코바는 세인트 피터스버그 다음의 산업도시로 나타난다. 철도의 발달이 괄목할 만 했다. 러시아 최초의 전신주가 1852년 건설되었고, 모스코바와 세인트 피터스버그를 연결했다. 1852년 철도가 도시와 도시를 잇고, 1867년에는 거리에 가스등이 켜졌다. 전기등은 1883년에 등장한다. 그리고 마침내 전화선이 모스코바와 세인트 피터스버그를 1890년대에 이어준다.

19세기는 러시아 예술의 황금시대라 말한다. 제정 러시아는 농노착취 위에 건축된 귀족 · 부르주아의 예술을 낳았다. 러시아의 훌륭한 예술 · 문학이 이 19세기의 산물이다.

20세기는 레닌의 공산당혁명의 성공으로부터 시작해 공산당의 멸망을 보여준 한 세기였다.

도시의 중심엔 크렘린궁이 있고, 그 옆에 붉은 광장이 있고, 그 안에 바실리 사원이 이 세상 건축물 가운데 가장 아름다운 것으로 평가 받고 있다. 크렘린궁 안에는 제정 러시아의 유물을 전시하고 있는 박물관도 있고, 발레 공연장도 있고, 러시아 의회도 있고, 물론 옐친 대통령의 관저와 집무실이 있다. 크렘린궁은 언덕 위에 있어서 모스코바 시를 한 눈에 볼 수 있으며, 밤에는 러시아 정교회 사원 첨탑에 별이 빛난다. 스탈린시대의 별이라기보다는 하나님을 경배하는 러시아인의 마음을 담은 별이다.

878.7평방 킬로미터 면적의 도시계획은 환상도로와 방사형의 도로로 잘 되어 있다. 1960년대 도시재개발 이후 건축된 아파트가 서

울을 연상케 하지만 오래 전에 건축된 아파트에는 역사가 묻어 있다. 추운 겨울을 이겨내기 위해 벽은 두텁고 벽난로는 낭만을 자아내게 한다. 거기 저명한 시인, 작가, 음악가, 미술가의 이름이 새겨져 있다. 이 아파트에 한때 푸쉬킨이 살았다고 적혀있다. 크렘린궁이나 고통스런 아파트는 모두 노란색과 하얀색이어서 인상적이다. 여기저기 서있는 정교회 사원은 보라색도 있어서 도시를 공산당식으로 무미건조하게 만들지는 않았다는 생각을 갖게 한다.

공산당 지배는 성당을 황폐화했는데 이제 종교의 자유가 정교회를 복구시키고 있다. 정치와 교회가 하나가 되어 통치되던 제정 러시아의 면모가 아직 남아 있다. 종교와 정치가 완전히 분리되어 있지만 1950년대 대전역과 같은 분위기의 모스코바 공항을 빠져나와 모스코바 중심지로 가면서 처음 발견하는 모스코바 거리는 참으로 인상적이다. 잘 정돈된 가로수가 숲속에 들어서는 느낌을 갖게 한다. 가로수는 적어도 넉줄이다. 한가운데 사람들이 걷는 길이 있고, 그 옆으로 두 줄의 가로수가 서 있다. 따라서 인도, 가로수, 차도, 가로수, 인도가 있고, 사람이 다니는 가운데 길 위에 긴의자가 놓여 있어 숲속의 공원을 가는 감성에 빠지게 한다.

모스코바에는 15세기 이후 오늘까지의 600년 역사를 느낄 수 있다. 한가운데 크렘린궁과 붉은 광장이 있고 한때의 도시방어 성곽이 지금 우리가 알고 있는 그 정원의 거리(Garden Ring)를 이루고 있다고 보면 된다. 그린벨트가 옛날엔 도시의 경계선이었는데 지금은 도시 안으로 흡수되어 있다. 교외도시를 넘으면 공간과 숲이 있고, 위성산업도시와 잠자는 기숙사형 교외도시가 또 나선다.

모스코바는 나무들의 나이테처럼 600년의 역사를 보여주고 있다. 모스코바의 지하전철역은 지하의 궁전이란 말로도 표현된다. 지하철 하나하나가 박물관이고 기념관이지만 예술품으로 평가받고 있다. 건축가들이 아마도 이 도시를 가장 높게 평가할 것 같다.

크렘린궁 아래로 내려오면 고리키 공원이 있다. 그 공원에서 한나절을 보내고 나면 "러시아인들이 너무나 착해서 악질적인 소수 공산당원 밑에 오래 당했다"는 말을 실감할 수 있다.

역사와 예술이 있는 도시는 자유로운 세계를 찾을 수 밖에 없었으리라.

러시아 여행기—오브닌스크

저는 10여년 만에 러시아의 조그만 도시 오브닌스크(Obninsk)에서 3박 4일의 여행을 하고 모스코바에 들러 커피 한 잔을 마시고 돌아왔습니다.

오브닌스크란 조그만 도시에 왜 갔었냐고요?

그 도시가 1954년 6월 27일 원자력 발전을 일으키고 송전한 첫 번째 도시로서 국제원자력기구(IAEA)에서 조직된 50주년 기념행사가 개최되었기 때문입니다. IAEA에서 "원자력과 언론"이란 주제로 연설을 맡아달라고 해서 간 것입니다. 세계에서 모인 1,000여 명의 대표들이 원자력의 과거 50년을 평가하고 미래 50년을 전망하는 그런 자리였습니다.

원자력은 에너지 자원이 곤궁한 우리나라에 필요한 전력을 공급해 왔고, 앞으로도 그럴 것입니다. 그러나 거기에서 나오는 방사성 폐기물 관리가 어렵고, 북한 같은 나라가 원자탄을 만들어 낼 수 있는 위험성이 따르기 때문에 미래 원자력 전망은 밝지만은 않습니다. 우리나라 안에서도 환경주의자들과 그들의 단체들이 반핵운동을 일으키고 있어서 원자력의 미래가 어둡지만 원자력 외의 다른 에너지 자원이 없어서 미래가 더욱 고통스러울 것으로 보입니다.

더 이상 원자력 발전소를 건설하지 않고 살아야 할 것입니다. 그렇게 되면 경제성장이 그만큼 어렵습니다. 지금 독일은 원전을 점차 없애려고 합니다만 아세안의 나라들, 중국, 인도, 동남아 나라들이 원자력 발전을 더 키우려 합니다. 다른 대안이 없기 때문입니다.

저는 이 글에서 제가 본 러시아 여행을 적으려 합니다.

인천공항에서 내릴 적에 제 앞에 두 아가씨들이 "나는 우리나라가 좋아"라고 말하고 있었습니다. 그렇습니다. 우리나라가 좋은 이유가 있습니다.

러시아에서 러시아 말을 구사하지 못하면 숨쉬는 일이 고통스럽습니다. 영어가 안 통합니다. 우리나라는 러시아에 비해 많이 개방된 나라입니다. 우리나라 사람들이 영어를 잘 못한다 해도 외국인들에게 친절합니다. 러시아 사람들은 상냥하지 않습니다. 무표정합니다. 무기력합니다. 외국인들을 환영하는 눈빛도 없습니다. 참 불쌍한 사람들입니다. 공산당 치하의 어두운 그늘이 아직 남아 있습니다. 희망이 없는 사람들은 불행합니다. 우리나라 사람들에게는 아직 희망이 있습니다.

언어의 장벽을 넘을 수 있는 힘은 사람들의 미소이며 몸짓입니다. 러시아 친구가 없으면 정말 러시아를 방문하기가 어렵습니다.

세이트 피터스버그 네바강을 배경으로

엄청난 관광 자원이 있어도 러시아 사람들이 무기력하고 무중력 상태에 있다면 관광객들은 러시아 가기를 주저하게 될 것입니다. 다행히 모스코바, 세인트 피터스버그는 관광객들이 큰 불편을 느끼지 않을 정도입니다. 제정 러시아의 역사와 문화가 두 도시에 남아 있어서 다행입니다. 두 도시는 러시아의 변화가 나타난 대표적인 도시입니다. 도시 사람들은 그만큼 개방되어 있습니다.

모스코바는 10년 전의 도시와는 완전히 다릅니다. 10년 전 모스코바는 스탈린 시대 건축한 건물들이 누추하게 서 있었습니다. 지금은 이곳 저곳에서 새로운 마천루 건물들이 모스코바의 번영을 보여주고 있습니다. 자동차들이 홍수처럼 흐르고 있고 도시전체가 동적입니다. 톨스토이집 근처에 한국대사관이 새로 건립되어 새로운 모스코바의 상징이 되었습니다.

이번 러시아 여행에서 저는 모스코바행 KAL 비행기 안에서 만난 한 과학자에게 큰 빚을 졌습니다. 모스코바 공항에 도착하면 IAEA에서 누군가가 저를 마중 나오고, 그가 공항으로부터 3, 4시간 거리에 있는 오브닌스크까지 동행할 것이라고 했습니다. 그런데 그 약속은 지켜지지 않았습니다. 저는 당황했고, 그때 비행기에서 만난 분에게 도움을 청했습니다. 그는 러시아 말을 구사하는 한국인 과학자였습니다. 그는 택시회사에 오브닌스크 호텔까지 가는 택시비를 협상해 주었고, 그의 모스코바 연락처를 알려 주었습니다. 만약의 사태에 그가 저의 위안처가 되었습니다.

러시아 돈(루불)이 한 푼도 없었는데 그는 두 병의 물을 사서 갈증 난 저에게 주며 목을 축이기를 권했습니다. 그는 저보다 훨씬 젊은 과학자로 한국 항공우주연구원 선임연구원 서견수 박사입니다. 아무도 아는 이 없는 외지에서 저는 고마움의 가치를 다시 터득했고, 무사히 오브닌스크까지 도착했습니다. 기사는 다섯 번이나 물어, 물어서 제가 묵을 호텔을 찾아 갔고, 그 호텔에 저를 내려놓고, 다시 먼 길을 돌아갔습니다.

제가 원자력 발전 50주년 기념회의장에서 행한 연설보다 그곳에 가는 길에서 만난 서 박사님과 이름모를 러시아 기사에게 잊을 수 없는 고마움을 지고 또 저의 앞으로 난 길을 걷겠습니다.

러시아와 우리나라는 시간차이는 5시간 정도의 시차가 있습니다. 러시아 시간으로 새벽 3, 4시에 잠에서 깨어 제가 머물렀던 호텔 근처의 숲길을 걸어 나갔다 와서 목욕을 하고 창을 엽니다. 밖에서 보이지 않는 숲속의 집에서 하나, 둘씩 사람들이 큰길가 버스 정류장에 나왔다 버스와 함께 사라집니다. 그렇게 몇 시간 창밖을 내다보다가 식당에 가면 한국원자력 연구소 장인순 소장님의 일행과 함께 아침식사를 즐겼습니다. 언어장벽 속에 갇혔다 우리말을 함께하며 식사를 나누는 시간은 행복했습니다.

한국은 원자력 과학기술로 선진국 가운데 하나입니다. 원자력 50주년 기념회의에서 한국과학자들의 참여는 당연한 것이지요. 장인순 박사님의 "한국의 원자력 회고와 전망"은 세계인들의 관심을 끌기에 충분했습니다. 그는 과학외교에 큰 성취를 이룬 분으로 오브닌스크에서도 훌륭한 연설을 했습니다.

그분과 함께 모스코바로 나왔습니다. 그분은 2시간 반을 미술관에서 보냈고, 저는 새로 건축된 한국대사관에서 김승한 공사와 커피한잔을 나눴습니다.

인생은 좋은 만남의 이어짐이겠지요.

저는 세계에서 온 과학자들과 언론인들을 만난 기쁨으로 러시아 여행을 마쳤습니다. 그리고 작은 시 한 편을 얻었습니다. 인구 10만이 넘는 소도시가 숲속에 숨겨져 있는데 그 숲속에 살고 있는 주민들이 아직 희망을 찾지 못하고 있는 서글픈 모습입니다. 공산당 치하의 어두운 그늘이 어서 사라지기를 바랍니다.

러시아

숲속에서 사람들이 나온다.
웃지 않는 사람들이 버스정류장으로 나간다.
버스가 와서 그들을 싣고 가면
버스정류장도 실려 간 듯
마을은 조용하다

숲속은 조용하고
숲속의 나무들은
온종일
저희들끼리
바람에 흔들거리며
무중력의 사람들이
돌아오기를 기다린다.

숲을 떠나면서
그들은
불행한 사회로 들어갔다
불행을 떨치지 못한 채
숲속으로
우울하게 돌아온다.
오후 여섯시
여기는 우울한 샹송도 없다.
마냥 조용하다.

모스코바의 3박 4일

8월 6일 청명. 아침 겸 점심식사 10시. 공항으로 나가다. 제네바 오후 1시 출발, 예정대로 오후 6시 50분 모스코바 도착. 여기까지는 좋았는데 출구에서 정지되었다. 내 일생에 처음 있는 일로 당황했고, 황량했고, 절망스러웠다.

"당신의 여권에 문제가 있으니 기다려 주시요!"

한심한 놈이다.

"내가 문제가 있는 여권을 들고 다닐 사람이냐?"

"문제를 만드는 당신이 한심한 자요!"

출구에서 나가지도 못하고 엉성하게 러시아인들의 원숭이처럼 잡혀있는 내 신세가 처량했다. 내 아내는 이미 출구를 빠져 나갔다.

내 여권과 비행기표를 몰수해간 출입국관리는 언제까지 기다려야 하느냐는 물음에 기다리라고만 한다. 기다리는 방도 없다.

1시간이 흘렀다.

2시간이 흘렀다.

밖에서 나를 기다리고 있던 김승한 공사가 어디론가 전화하는 모습이 보인다. 그가 내게 유일한 위안이었다. 친동생 같은 그와 그의 아내를 만나기 위해 왔는데 억류되어 있는 나를 보고 그 자신 행복할 수 없었으리라. 그는 침착하게 기다리라는 신호를 보낸다.

마침내 내 여권과 비행기표를 손에 든 자가 나와 나에게 따라오라는 몸짓을 한다. 그는 길고 긴 보도를 지나 아래층으로 내려갔다 다시 오르는 걸음을 반복하더니 어둠침침한 방으로 데리고 가더니 "입국이 거절되었으니 한국으로 돌아가던가, 새 비자를 받아야 한다."고 일방적으로 선언한다.

"현금 150달러가 있느냐"고 묻는다.

나는 선택이 없었다. 3시간 억류된 사실이 나를 괴롭혔다.

그들이 말하는 여권의 문제는 내가 여권을 두 개 갖고 있는데 서울에서 받은 러시아 비자가 구 여권에 있고, 신 여권에 없어서 무효라는 것이다. 앞뒤의 여권이 똑같은 최연홍의 것인 걸 한국정부가 증명하고 있는데 뒤의 여권과 앞의 여권번호가 다르니 새로 비자를 받으라는 조치를 오직 러시아가 자행하고 있다. 한국정부는 이런 러시아를 어떻게 가르쳐야 할까? 그 나라를 찾아가지 않아야 할 것 같다. 그런 모멸을 받고도 러시아에 들어간 내 상황이 한심스럽다.

"하나님, 천치를 사랑하게 해주십시오!"

할리데이 인에 여장을 풀고 북경오리 요리를 전문으로 하는 중국음식점으로 갔다. 김 공사는 나를 위로했다. "여기가 그래서 러시아입니다." 15년 전에는 없었던 음식점이 괜찮았다. 변한 러시아가 있으니 다행이다. 변화는 음식점에서부터 오는가? 그렇게 첫날밤이 갔다.

일요일 아침. 김 공사 가족과 함께 모스코바 한인장로교회에서 예배를 드리다. 애굽에 종으로 팔려간 요셉의 성공신화를 황상호 목사님이 설교하였는데 바빌론에 포로로 잡혀간 다니엘과 그는 성경에서 쌍벽을 이루고 있다. 창립 15주년을 맞고 있는 교회를 한러 수교와 함께 들어온 교회다. 여행자들이 참석해 보기 좋았고, 점심시간 친교도 좋았다.

삼성과 LG 광고가 가득한 모스코바에 한인교회도 보기 좋은데 내가 공항에서 당한 수모를 어떻게 설명해야 할까?

김 공사는 나와 내 아내를 톨스토이 집으로 안내한다.

레오 니코라비치 톨스토이는 1828년 태생으로 1910년 사망한 문호. 그는 대지주집안의 아들로 태어나 문학과 교육 사회개혁에 공헌한 인물이다. "전쟁과 평화" "안네 카레리나"는 그의 시골집에서 쓰여졌고 여기서 "부활"이 쓰여졌다. 부자들은 서울에도 집 한 채씩 갖고 있었던 그리고 갖고 있는 한국과 비슷하다. 그의 집 정원과 집안을 돌아보았다. 응접실에는 당대의 문호들이 모여 들었고, 그의 서재에는 그가 쓴 책들이 쌓였고, 그의 화가 딸이 쓴 화실이 있고 하인들의 방, 부엌이 있다. 그의 묘지는 시골집에 있다.

그의 대작 "전쟁과 평화"는 1812년 나폴레옹의 러시아침공에 얽

힌 다섯 가족의 이야기. 농부에서 황제까지 등장하는 대하소설(1865~1869). 러시아 역사에서 나폴레옹전쟁과 제2차 세계대전의 비중은 너무나 크다. "안나 카레리나"는 불행한 여인의 비극적 사랑을 다룬 연애소설(1975~1877). 톨스토이의 후년엔 무종교로 가고, 무소유로 가고, 그래서 그의 죽음은 시골기차역에서 객사로 나타났고, 장례는 종교의식으로 치러지지 못했다. 러시아에서 정교회의 비중은 너무나 크다.

거기서 나와 푸시킨 박물관으로 갔다.

한국인에게는 톨스토이, 러시아인들에게는 푸시킨과 도스토예프스키가 더 가까운 문호. 푸시킨이 러시아를 지배하고 있다고 말해도 지나치지 않다. 푸시킨 미술관도 있고, 박물관도 있다. 15년 전에는 미술관을 찾았는데 이번엔 박물관으로 갔다. 그의 삶과 대표적인 시편들이 전시되고 그의 친필들이 시대별로 정리되어 있다. 방마다 있는 영어소개문을 간단히 읽고 나오는데 한 시간 이상이 걸렸다. 그는 1799년 모스코바에서 출생, 1837년 세인트 피터스버그(샹트 뻬데르브르크)에서 총 맞아 죽는다. 그의 대표작 유진 오네긴(1825~1832)은 장시로, 대화체 시이고, 청동기마상(1833)은 피터대제를 그린 서사시다. 그의 희곡작품은 셰익스피어의 영향을 받은 것으로 평가되고 있다. 그러나 그는 시인으로 존경받고 있다.

그의 아내와 염문을 둘러싼 한 남자와의 대결에서 그는 총맞아 죽는다. 시인이 어찌 총싸움에서 이길 수 있었겠는가?

그 다음 러시아 화가들의 작품을 모은 국립 트레티아코프 미술관에 들렸다. 300년 미술사를 한 시간에 돌아봄은 사실 불가능하다. 그러나 그렇게 했다. 우리나라에도 2000년 미술을 모아놓은 미술관 하나 있음직하다.

김 공사 아파트에서 부인이 정성으로 준비한 저녁식사를 즐기다.

이튿날 우리들은 크렘린으로 갔다.

크렘린은 빨간 성벽으로 둘러싸인 3각형지대안의 제정 러시아 궁전과 성당을 뜻한다. 지금 궁전은 푸틴대통령의 집무실이 있고 의회, 영빈관이 되었고, 성당들은 관광객들에게 열려있다. 러시아 제1의 성당인 성모승천대성당에서 러시아 모든 전제군주들이 대관식을 가졌고, 천사대성당에는 황제들의 무덤이 있다. 성모수태대성당, 12사도 교회도 있다. 성모중심의 정교회로 보인다. 예수와 성모, 12제자의 성화가 성당, 교회 동문에 그려져 있다. 예수가 다시 오면 그 문으로 온다. 벽화가 가득하다. 성당의 첨탑이 그냥 십자가가 아니다, 예수 발아래 초생달이 있던가, 사선이 하나 그려져 있다.

동방정교회에서 나온 러시아정교회는 1000년 역사를 갖고 있다. 유럽역사가 그렇듯 왕권은 신탁에서 온 것이지만 세월이 가면서 신탁이 쇠퇴하고 왕권아래 신탁이 자리한다. 왕권을 바로 세울 수 있는 교회가 있었다면 민중혁명이나 공산당혁명도 필요하지 않았으리라. 제정 러시아는 19세기에 빛나고 있다. 정권과 교회의 분리는 당연하다.

성당들을 돌아 나와 붉은 광장의 레닌 묘와 성 바실리 사원을 둘러보았다. 붉은 광장은 공산당의 Red가 아니라 러시아 언어의 아름다운 광장이라는 뜻. 바실리 사원이 가장 아름다운 성당이라는 평가도 있지만 아름다움도 주관적인 것 아니겠는가? 중앙의 높은 첨탑과 그것을 둘러싼 8개의 첨탑 사이의 조화가 눈에 띈다. 모두 9개의 교회가 하나의 성당을 이루고 있다. 밖에서 보면 각각의 첨탑, 그 색깔과 디자인이 경이롭다.

광장의 한 옆 백화점가 3층에서 점심을 하고 아르마트 거리(서울의 대학로 분위기)로 나왔다. 거기 푸시킨이 살던 집도 있고 부부 동상도 있다. 노모데비치로 나갔다. 수녀원과 성당이 있고 러시아인물들이 묻혀있다. 그 옆에 조그만 호수가 있는데 차이코프스키가 "백조의 호수" 자곡의 영감을 얻었다고 알려져 있다.

저녁엔 러시아음식점에서 김 공사 가족과 맛있는 식사를 나누다.

새벽 모스코바 공항으로 나가다.

세 번째 찾은 모스코바에서 한국의 삼성과 LG의 진출이 눈부시고 자랑스럽다. 한국인에게는 비자가 필요 없는 나라가 될 만한데 아직도 비자 장사를 할 수밖에 없는 초대강국에 동정을 보내야하나, 나는 아직 잘 모르겠다. 비자가 없어질 때 쯤 다시 올까.

샹트 페테르브르크의 3박 4일

오전 8시 15분 샹트 페테르브르크로 떠나는 비행기를 타기위해 새벽 4시 40분 모스코바 중심가에 있는 호텔을 떠난다. 3시간 전에 공항에 나가있어야 하는 강박관념이 잠을 못 이루게 한다. 두 도시의 비행시간은 1시간 30분. 그러나 비행기는 한 시간 만에 왔다. 기차로는 밤새도록 오고, 자동차로 여덟 시간 거리. 하이웨이가 없는 러시아, 마을과 마을을 지나야 하는 탓으로 비행기가 편하다. 도착 공항에 우리를 기다려야 할 젊은 친구는 보이지 않았다. 비행기가 너무 일찍 도착해서. 비행기에서 내린 한인 관광단일행을 마중 나온 안내자는 거기 서 있었다.

김주일이란 젊은 친구가 나타났다. 그는 나와 내 아내를 발틱해 안의 호텔로 데리고 가면서 까전성당에 들린다. 러시아 역사유적은 성당에서 시작해 성당으로 끝나는 기분이다. 이 성당은 나폴레옹전쟁에서 승리한 기념비로 세운 성당. 그 전쟁을 승리로 이끈 장군의 동상이 세워져 있고, 그의 유해가 그 성당 안에 있으니 성당은 전쟁의 승리탑 아니겠는가?

러시아 여름궁전 앞에서

로마 베드로 대성당의 모습을 지닌 이 성당의 중심엔 6개의 원주가 있고, 좌우로 24개의 석회석 기둥이 받쳐주는 코린도식 건축 양식이다. 돔의 첨탑 십자가는 64미터. 장중하다. 제정 러시아는 유럽의 나라들과 경쟁하고 있으며 inferiority complex를 느끼고 살았다고 추측한다. 그 경쟁심리가 18세기 러시아문명을 화려하게 만들었고, 20세기, 21세기 한국관광객을 유인한다. 세계의 관광객들을 유인한다.

15년전 내가 머물렀던 아스토리아 호텔은 별 5개 호텔로 비싸다고 김군은 전하며 우리를 발틱해로 들어가는 네바강가에 서있는 푸리 발티스까야 호텔은 별 4개짜리 호텔로 우리를 데리고 간다. 스탈린 시대에 지은 거대한 호텔이 우리를 압도한다. 제정 러시아의 것은 별 5개, 공산당의 것은 별 4개. 공산당정권은 제정 러시아보다 못난 정권이 되고 말았다. 공산당이 건축한 도시는 추함이었고, 제정 러시아가 건축한 도시는 아름다움이었다. 농부의 가난함은 두 정권사이에 아무 차이가 없는 것으로 비교된다. 독재정치는 똑같다.

여장을 풀고 강가에 세워진 간이음식점에서 맥주와 러시아식 불고기(돼지고기. 양고기를 쇠꼬치에 끼어서 구운 꼬치음식)를 들다. 바람이 많이 불어서 맥주 컵이 날아가는 강가의 점심 또한 잊기 어려워. 간이음식점은 여름 3개월만 가능하다. 겨울엔 사라지는 음식점. 너무 추워서 "간이"가 살 수 없다. 물이 차가워도 여름이라고 수영복을 입고나온 여자들 몇, 아이들 몇 보인다. 물은 흑빛. 흑해를 연상해도 괜찮아. 동해 물빛은 찾을 수 없다.

오후에 유명한 겨울궁전을 찾았다. 허미타쥐 박물관이라고도 부른다. 세계3대 박물관 가운데 하나. 여름궁전을 별궁이라 한다면 이 겨울궁전은 겨울이 긴 러시아의 정궁일 수밖에 없다. 공산당혁명이 이 궁전을 향해 일어났고 그 전의 민중혁명도 이 궁전을 향해 일어났다. 러시아 역사의 가장 중요한 상징이다. 피터대제, 캐더린대제에 와서 완성된 이 궁전은 19세기 후반에 접어들면서 원성과 비수의 과녁이 되었다.

이 건물의 길이는 200미터, 폭 100미터, 높이 30미터. 1,057개의 방과 117개의 계단, 1,786개의 문과 1,945개의 창이 있다. 우리들을 압도한다. 경복궁과는 비교될 수 없고, 화려함은 불란서 어느 궁전과도 비교할 수 없다. 그래서 그만큼 인민이 착취를 당했다고 말할 수 있다. 공산당도 인민을 착취했으니 착취는 상대적 개념이다.

이 미술관에는 레오나르도 다빈치의 마돈나, 렘브란트의 다나야와 돌아온 탕자, 엘 그레고의 사도 베드로와 바울, 로댕의 조각, 영원한 봄이 눈에 띈다. 고갱, 마티스, 피카소의 작품도 이 미술관을 세계적으로 만들어놓았다. 최근 제2차 세계대전 때 독일이 빼앗아간 미술품을 다시 찾아와 더 융성한 것 같다.

그러나 내게는 운하가 들어와 있는 이 도시가 러시아의 베니스로 보인다. 물은 언제나 사람의 이목을 순화시킨다. 제정 러시아가 만든 도시계획 속에 공원, 광장이 있고 거기엔 반드시 조각이 들어 있다. 마차가 다니던 거리라지만 100년 앞을 내다보고 만든 도시가 하나의 미술작품이다.

저녁엔 뜨르게네프가 살던 집 아래층에 있는 음식점에서 러시아식 식사를 하다. 뜨르게네프 광장 옆에 있는데 작가의 이름을 따서 광장의 이름을 짓고 음식점 이름도 짓는 것을 보면 러시아인들의 문학사랑은 이 세상에서 두 번째 가라면 서러울 것이다. 그의 소설 "첫사랑", "아버지와 아들"을 읽던 고등학교 시절이 가까이 다가온다.

이튿날 여름궁전으로 가다. 여름궁전이 너무 많아 혼돈스럽다. 북쪽으로 한 시간 차로 가다. 유람선으로도 가능한 여름궁전. 휜란드만에 자리 잡고 있는 이 여름궁전은 화려한 분수공원이다. 전기가 없었던 시절 물의 공학을 이용해 도처에 수많은 분수를 뿜게 하고 거기서 나오는 물이 만으로 흘러 들어가게 한 디자인이 볼만하다. 분수, 물, 여름이 삼위일체가 된다. 피터대제는 만 옆에 도서관을 짓고 거기서 책을 읽고 북방정책을 구상하였고 캐더린대제는

만 옆에 식당을 짓고 음식을 즐겼다니 손자 며느리시대엔 군사적 힘과 평화를 만끽하고 있었나보다. 식당이지만 소 궁전이다. 그 당시 부엌살림도 식기도 전시되어 있다.

나오는 길에 근처 민속촌에 들러 좋은 러시아음식을 들다. 보드카가 나오는 점심을 즐기다.

저녁 8시 국립 오페라와 발레 극장에서 "백조의 호수"를 감상하다.

차이코프스키 음악을 춤으로 옮겨놓은 백조의 호수를 내 일생 열두 번은 보았을텐데(모스코바에서 의정부까지) 오늘저녁 공연은 눈부시다. 백조들이 백조들보다 더 백조들 같다. 왕자보다도 백조가 빛난다. 3막으로 되어 있는데 막이 끝날 때마다 휴식시간이 있고 발레리나들의 인사가 있다. 휴식시간은 관객보다 발레리나에게 필요한 것 같다.

차이코프스키가 음악을 공부한 대학의 극장에서 백조의 호수를 관람한 사실이 오래 기억에 남을 것이다. 우리들의 여행안내자도 이 대학에서 공부하고 있는 사실을 자랑스럽게 말하고 있다. 그런 큰 인물 하나 배출한 학교가 많지 않으니까.

이튿날 아침 캐더린대제(러시아인들은 예까제리나대제라 부른다)의 여름별장으로 갔다. 푸시킨 시에 있는 이 궁전을 찾아오는 내 감정지도를 아시는가? 러시아인들은 캐더린대제의 도시라 명명하지 않고 시인의 도시로 명명했으니 시인의 긍지가 대단하다. 공산당치하에 천대받고 제2차 세계대전 때 독일군의 사령부로 쓰였다니 이 궁전은 이제 새로 복원되고 있다. 수많은 방 가운데 28개의 방이 관광객들에게 공개되고 있다. 정원을 산책할 만하고 인공

호수가 볼만하다. 그러나 궁전안의 방들이 더 볼만하다. 그 화려함이란 제정 러시아의 미학이다.

점심식사는 푸틴대통령이 즐겨 찾는 음식점을 찾아, 즐겨 찾는 식단을 우리는 주문했다. 연어, 상어고기가 나왔다. 상어요리는 처음이다. 참치 같다. 키 큰 자작나무숲 옆에서 파란 하늘을 보며 러시아 음식을 즐기다. 황제의 차가 3가지 차를 섞여 끓인 차로 마실만하다. 황제가 마시던 차를 마시는 한국의 시인을 아시겠는가?

오후 푸시킨의 여름별장에 갔다. 그가 살았던 집을 박물관으로 만들어 놓았는데 우리만 그 시간 방문객들이었다. 현대의 사람들은 시인의 집보다는 대제의 궁전을 찾아가는구나!

샹트 페테르브르크로 돌아와 네바강가의 이삭성당에 들어가 보았다. 이 도시의 유명한 명소 하나를 고르라면 이 성당이 들어갈 정도의 위엄과 장엄을 지니고 있다. 1818년부터 40년에 걸쳐 건축된 이 성당은 101.5미터, 동서남북 네 방향에 서 있는 주랑에는 64통에서 114톤 나가는 한 덩어리 화강암으로 된 72개의 원주들이 바치고 있어 장중한 느낌을 준다. 아니 장중하다. 불란서 건축가 몽페랑의 설계와 감독으로 만들어진 이 성당은 하나의 거대한 예술품. 피터대제의 여름궁전에서도 보이는 금빛 돔이 제2차 세계대전 독일군의 침공 방향을 잡아주었다니 너무 큰 건축물도 전쟁에는 안 좋은가봐. 이 성당의 벽과 천정에는 150점의 그림이 제정 러시아의 대형 회화들로 국보급이다.

이삭성당에서 네바강 쪽으로 공원 · 광장이 있고 거기 피터대제의 말 탄 청동기마상이 서 있다. 조각으로 훌륭하다. 앞발을 든 말 위의 대제, 그 앞에서 신혼부부들이 기념사진을 찍고 해군사관생도들도 임관식 후 이 동상 앞에서 기념사진을 찍는다니 러시아 최고의 걸작이라고 말하고 싶다. 15년 전 여기 처음 와서 보았을 때처럼 가장 인상적인 동상과 이삭성당이었다. 그 이유는 내가 머물던 아스토리아 호텔이 바로 성당 뒤에 있었으니까. 저녁 시간 성당을 거처 동상을 거처 네바강으로 산책하던 때가 엊그제 같은데 세월은 무심하네 그려. 이 동상은 푸시킨의 시에도 나온다.

거기서 강 건너편 피터와 폴 요새가 보이는데 이번 여행에서 그 안에 정치사상범 수용소를 찾아보았다. 15년 전에 모르고 갔다. 거기 한 때 도스토예프스키가 갇혀 있었고, 사형집행 전에 황제의 특사로 풀려나 시베리아로 유배 갔었다니 얼마나 다행이었던가. 문인을 사형에서 구제한 황제의 양심이 가상하지 않은가? 작가가 내 생명을 노리지 않았으니 나도 그의 생명을 노리지 않아야 했다니 괜찮다. 그렇게 사형을 면해 주었다는 일화가 유명하다.

이번 여행에서 도스토예프스키가 살던 집에서 한 나절 보낸 것도 유익했다.

휘오도 미카로비치 도스토예프스키는 1821년 모스코바에서 출생, 이 집에서 사망했다. 그의 소설은 『가난한 사람』(1846)으로부터 시작해 가난하고 불쌍한 사람들의 심리를 파고든다. 이상한 사람들이 그의 대상이 된다. 유배지의 기억을 쫓아 쓴 『죽은자의 집으로부터 기억』(1861～62)과 『지하로부터의 회고록』(1964)을 썼다. 그의 대표작은 『죄와 벌』(1866)인데 유럽방랑 후 돌아와 쓴 『까라

마조프 형제들』(1879~80)을 더 높이 평가한다. 긴 유랑후 러시아를 떠나서 그는 살 수 없는 작가임을 터득한다. 시인이나 작가는 모국어를 떠나서 살 수 없는 사람들이다. 그러나 세계적인 시인이나 작가는 훌륭한 번역자에 의해서 가능하다.

그의 소설 속에는 이 도시가 그대로 묘사되고 있다. 아파트, 다리, 운하, 강. 이 도시가 작가의 소설 속에 그대로 숨쉬고 있다. 푸시킨이나 도스토예프스키처럼 나도 이 도시를 사랑하나보다. 그래서 고행을 마다않고 이 도시를 찾아온 것 아니겠는가.

일본 여행기—아오모리

서울 지하철 시청역 벽에는 서울과 아오모리(青森) 직행 KAL 비행기 운항 광고가 걸려있다. 광고판에서만 보던 그 아오모리에 다녀왔다. 일본 원자력 산업회의가 아오모리시 문화회관에서 열렸고 그 회의에 세계의 원자력 나라 대표들이 다 모였다. 아오모리현에는 일본의 핵 폐기물 처분시설과 우라늄 농축시설이 있는 로카쇼므라 촌이 있어서 원자력 핵 연료 재처리 시설의 회의가 열릴 만하다. 일본의 중심 섬인 혼슈의 맨 위, 호까이도 섬 바로 아래 있는 아오모리현은 태평양과 동해를 좌 · 우로 두고 있으며 아오모리시는 거대한 만(무쯔)과 아직도 눈 쌓인 산이 있어서 인상적이었다.

긴 겨울 눈 속에서 살고 있는 아오모리 사람들은 살결이 하얗고 유순해 보였다. 아오모리는 단단하고, 수분이 많은 사과로 유명하다. 한국사과가 세계 제일이란 말은 적어도 도전을 받을 만했다. 사과 주스, 사과 파이, 사과를 이용한 과자들이 풍요로웠다.

도쿠가와 시대까지 소외되었던 아오모리가 오히려 동북아의 중심으로 떠오르고 있는 것은 지정학적인 이유와 함께 현 지사의 리더십에 기인한다. 아오모리현 청에는 한국, 러시아, 중국에서 온 여자들이 국제 교류원으로 일하고 있으며 국제협력의 모범을 보여주고 있다.

필자가 아오모리현을 찾은 이유는 어떻게 핵시설이 들어설 수 있는가 였다. 한국에서는 모두가 기피하는 시설이 아오모리현에서는 받아들여질 수 있는가? 그 물음에 대한 답을 얻고 돌아왔다. 아오모리현의 로카쇼무라 촌장은 '가난이 싫어서 였다' 고 말했다. 언제나 가난한 마을로 남을 수는 없다고, 그곳도 도쿄나 오사카 같은 부유한 마을이 될 수 있다고 그는 믿고 있었다. 물론 원자력 시설이 안전하게 운영될 수 있다는 과학자들의 말도 믿고 있었다. 지금 로카쇼무라 촌은 아오모리현의 평균소득을 보이고 있지만 현재 진행중인 공사가 완성되면 아오모리현에서 가장 부유한 마을이 될 것이라고 전망하고 있었다. 핵시설엔 언제나 안전위험이 도사리고 있다. 그래서 재난예방 방지에 철저하며 사고가 나면 철저한 대비를 하고 있다.

한국의 정치 지도자들은 핵시설이 들어오는 것을 반대하고 있다. 주민들이 핵시설을 유치하려 하면 마을의 배반자로 낙인 찍혀 '왕따' 당하고 있다. 우리 나라 에너지의 반을 원자력 발전에 의지하고 있으면서도 거기서 나오는 핵폐기물 처분장을 찾지 못하고 있는 이유는 "내 마을은 안되오!" 하는 정치인들 때문이다. 자원 빈국인 이 나라가 살 길은 핵시설을 안전하게 운영하는 길이다. 조그만 국토 위에 저준위 폐기물 처분장이나 고준위 폐기물, 사용 후 핵연료 중간저장 시설은 반드시 있어야 한다. 고준위 폐기물의 영구처분장은 러시아나 중국과의 협력으로 중앙아시아나 고비사막에 들어서도록 국제협력을 시도해야 한다. 솔직히 남한 땅 어디에서도 고준위 폐기물 처분장을 찾기는 불가능하다. 4,500만이 살고 있는 이 땅에 500만이나 1,000만이 살고 있다면 그런 처분장 찾기가 훨씬 쉬울 것이다. 300년, 500년 폐기물 처분장을 계속 감시해야 하는데 인구증가는 그만큼 이 나라 환경관리를 어렵게 만들 것이다.

아오모리 시에서는 영어가 통하지 않는다. 필자는 언어의 장애자가 되는 서러움을 느끼고 돌아왔다. 불편하지만 불행은 아니었다. 거기서 한국말을 잘하는 일본인 둘을 만났다. 아오모리현 경찰본부 홍보과에서 일하는 나까무라 이꾸오는 연세대학교에서 한국어를 3개월 공부한 청년이었다. 그는 필자를 선배로 대접해 주며 재해대책과 차장과의 면담에서 통역을 맡아 주었다. 그가 없었더라면 면담자체가 무의미했을 것이다. 경찰본부 안에는 영어를 아는 관리가 한 사람 있었다. 그들은 모두 친절했다.

비어있는 아침 시간에 필자는 아오모리 시 동북쪽 작은 온천장이 있는 아사무시 마을을 찾았다. 기차로 20분 거리에 있는 온천장 마을에 남부야라는 호텔이 있었다. 그러나 거기 온천은 그 호텔의 숙박 객에게만 허용이 되고 있었다. 마음의 행로를 찾아 나온 영어를 쓰는 한국인에게 마침내 시모다라는 청년이 나타나 한국어로 친절하게 대접해 주었다. 그 호텔 경리과에서 주임으로 일하는 그 친구는 호텔 음식점에서 이른 점심식사를 하는 조건으로 온천에 들어가게 했다. 온천엔 아무도 없었다. 필자는 처음으로 일본 공중목욕실에서 목욕하는 시간을 가졌다.

언어의 장애자. 그러나 좁은 호텔 방안에서 일본 텔레비전을 경청하는 '즐거움' 도 가졌다. 마침 자민당 총리 경선이 있었고 깨끗한 이미지의 정치인, 고이즈미가 압도적으로 선출되었고 그의 선거를 지휘한 다나까 전 수상의 딸이 외무장관으로 뽑히는 뉴스를 보고 들으면서 일본의 상황을 추측할 수 있었다. 우리말과 비슷하다가도 완전히 다른 발음을 들으면서 필자는 일본어의 아기자기함을 느끼고 있었다. 그 뜻을 다 이해하지 못해도 말의 음성을 듣는 '재미' 도 있다.

일본의 문화를 '작은 것이 아름답다' 고 표현한다면 괜찮을까? 축소지향의 일본문화. 사람도 작고, 집도 작고, 호텔 방도 작고, 과자도 작고, 언어도 작아 보인다. 미국에 가면 사람도 크고, 집도 크고, 호텔 방도 크고, 과자도 크고, 언어도 커 보인다. 미국문명을 비판하는 학자가 『작은 것이 아름답다』는 책을 써 좋은 평을 받기도 했다. 1970년대 에너지 위기 후 미국은 조그만 일본차를 수입했었고 그 후 스스로 조그만 자동차를 만들어 '작은 것이 아름답다' 를 실천하고 있다.

그러나 사람이 작아도 뜻은 크게 가질 필요가 있는데 뜻도 작다면 정말 '倭놈' 이란 비판을 받을 만하다. 태평양 전쟁에 대한 용서를 구하기보다 그것이 그 당시 세계 질서였다고 항변하는 일본 우익 지성인들을 만나면 정말 일본은 작은 나라라는 생각이 든다. 일본교과서 문제도 그래서 생긴 것이리라.

서구를 대표하는 미국은 축소지향의 사회를, 동양을 대표하는 일본은 확대지향의 사회를 추구하여야 할 것 같다. 일본은 '작은 것이 아름답다' 는 사실을 계속 세계에 보여주기를 바란다. 거기엔 낭비가 없다. 미국인처럼 큰 집을 짓고 살게 되면 여름 · 겨울에 냉방 · 온방 에너지 낭비가 따르고 물자도 더 들게 된다. 낭비할 만큼 자원이 많은 미국이지만 자연의 한계를 인식해야 하나뿐인 지구가 산다.

한국은 면적은 작은데 인구는 폭발적으로 많고 미국식 낭비사회를 지향하고 있으니 서글플 때가 있다. 뜻은 크게 갖되 작은 것의 아름다움을 찾아가기 바란다. 낭비가 없는 사회가 한국보다는 일본에 있는 것 같다. 아껴 쓰는 사람들, 그러나 그들은 모험을 할 수 있는 사람들이 아니다. 그래서 자본주의 시장에서 미국보다 한 수 아래 있는 것 같고, 시행착오를 수용할 수 없는 일본의 한계를 보는 듯하다. 발전은 시행착오를 받아들일만한 여유가 있어야 하는데 일본인의 마음속엔 그런 여유가 없어 보인다.

아오모리 여행에서 만난 가장 인상적인 일본인은 青森環境問題의 대표인 세츠코 사쿠라다 여사. 그는 생명의 아름다움을 전파하는 것이라고 할 수 있는 환경운동에 집중하고 있었다. 그녀가 쓴 시에 곡을 부쳐서 노래하는 모습을 필자는 잊을 수 없다. 필자를 위해 통역까지 동반해 호텔 로비에서 밤늦게까지 기다려 주던 여자가 불러준 노래를 잊을 수 없다. 자연 사랑의 시라고 알고 있지만 그녀는 인간의 아름다움을 최대한 외국인에게 보여주고 있었다. 환경과 생명의 아름다움을 보여주는 여자. 그 여자 때문에 일본어를 배우고 싶다면 필자는 어린아이가 되는가? 나이를 잊게 하는 여자. 뺨에 작별인사로 키스를 하고 나서 손으로 루즈를 지우고 간 여자. 세츠코 사쿠라다는 지울 수 없는 이름이 되었다. 건강한 개인의 삶이 지구를 건강하게 한다는 문구가 적혀있는 명함을 주고 간사람.

자연을 사랑하는 사람은 인간 이웃을 사랑할 수 있다. 자연파괴의 문명 속에 사는 사람들은 인간 이웃을 사랑할 수 없다. 그것이 현대문명의 비애이기도 하다. 인간과 자연의 관계는 인간과 인간의 관계와 일치한다. 세계평화도 인간 이웃의 사랑에 기초하는 것을 세츠코 사쿠라다에게서 알 수 있었다.

언어의 장애자가 되어도 다시 찾고 싶은 아오모리. 거기엔 환경을 사랑하는 한 여인이 있었기 때문일 것이다. 푸른 숲, 푸른 바다, 푸른 희망이 있는 마을. 사과로 만든 파이 한 상자를 사들고 서울로 가는 비행기에 몸을 실었다.

교토, 나라, 오사카 기행

세상이 좋아졌다. 문학동네 친구와 교토(京都), 나라(奈良), 오사카(大阪)에서 주말을 보내고 왔으니. 금요일 저녁 간세이 공항(關西)에 도착해 히네노(日根野)에 여장을 풀었다. 비행기 안에서 저녁식사를 했으니 어두운 시골길에 서있는 자판기 안에서 차를 꺼내 마시면서 금요일 밤을 지냈다. 일본말이 통하지 않는 내게 자판기는 좋은 친구였다.

이틀날 아침 다시 간세이 공헝으로 니가서 교토로 떠나는 특급 JR 하루까 기차를 탔다. 1시간 10분 후 일본의 고도, 교토에 도착했다. 일본어를 구사하지 못하는 외국인에게 일본인들은 친절하다. 택시를 타고 니조조에 도착했다. UNESCO(세계문화유산)에 등록된 니조조(二條城)는 1603년 도쿠가와가의 초대장군 이에야스가 교토 궁궐의 수호와 천황 방문시 숙소로써 만들어졌다. 이 성은 1626년 3대 장군 이에미쯔가 완성했다. 이 성은 유물, 이에야스가 세운 건축물 및 이에미쯔가 모은 그림 · 조각 등이 어우러져 마침내 모모야마 시대 건축과 실내 그림을 볼 수 있다.

1867년 15대 장군 요시노부가 군부 정권을 천황에게 돌려주는 메이지유신(明治維新)이 있을 때까지 니조조는 군부권력의 상징이었다. 천황을 무력화한 상징물이 아닌가?

일본이라는 나라는 군부가 도쿄(東京)로 수도를 옮기고, 천황을 옮기기 전까지 교토가 긴 세월 수도였다. 순수한 천황의 시대엔 나라가 수도였다. 그래서 간세이 지역에 역사와 유적이 많이 남아있다.

일본이라는 나라가 만들어진 6, 7세기 백제가 망하고, 백제유민이 일본으로 건너가 지배계급을 형성한 역사적 사실은 일본의 관서 지역 여기저기에서 찾을 수 있다.

도요토미 히데요시(豊臣秀吉)가 군부정치를 시작했고 임진왜란을 일으킨 장군으로 유명하지만 그 또한 나고야 출신으로 관서지역의 인물이 아닌가? 일본 건축물은 모두 아름답지만 정원의 아름다움, 실내 다다미, 벽장에 그린 그림, 벽화가 아름답다. 장군의 접견실에 호랑이, 표범의 그림이 걸려있고, 그와 측근이 거처하던 방안엔 산과 강, 소나무, 바다, 파도가 그려져 있다.

영주들이 장군을 만나던 방, 무사들이 거처하던 방들로 구성된 니조조는 기능별로 반쇼, 니노마루, 혼마루로 나뉘어져 있고, 정원도 니노마루 정원, 세이류엔으로 둘이 있다. 총면적 275,000평방미터, 건축면적 7,300평방미터가 세계문화 유적에 등재할 만하다. 신발을 벗고, 마루로만 걸어가며 다다미방과 그 당대의 장군과 영주의 관계를 엿보게 한다.

지금은 교토시가 운영하고 있는 니조조는 수많은 관광객으로 가득했다. 화재와 벼락으로 온전한 역사유적으로는 남아있지 않지만 일본 건축물, 정원을 보고, 느끼게 한다. 연못에 섬을 만들고, 물과 꽃나무, 상록수의 색상을 집안에서도 감상할 수 있도록 한 구성이 인상적이다.

거기서 천황이 살던 교토고쇼(京都御所)로 갔다. 걸어서 30분 거리에 있는 천황의 집 또한 교토천황의 정원(京都御苑)과 함께 아름다운 건축물과 정원이었다. 세계문화유산에 오를만하다.

794년 교토가 일본의 수도가 되었을 때 현 위치로부터 2Km 남서쪽에 자리했다. 그 후 540년 일본의 수도로서 군림했었다. 1854년 천황의 집은 화재로 소실되었고, 고메이 천황의 명령으로 재건축되었다. 현재 천황의 집은 원래의 규모보다 증축한 것으로 알려져 있다. 우리나라 경복궁 안에 있는 건물 이름이나 문의 이름이 거기도 있다. 建春門이라든가 宣秋門, 日華門, 月華門이라든가, 紫宸殿이라든가… 하는 이름들이 낯설지 않다.

대문을 들어서면 천황과 가족이 타고 다니던 가마가 놓여있고, 가마의 창고가 있고 정사각형, 직사각형 마당을 둘러싸고 건물이 ㅁ자로 서있다. 나무들이 건물을 둘러싸고, 또 정원이 있다. 벚꽃이 눈처럼 내리는 교토의 봄은 참으로 아름다웠다. 기후가 온화한 일본의 관서 지방에 일본 삼나무로 만든 건물과 다다미 방, 하얀 벽이 깨끗한 이미지를 주고 있지만 지붕의 기와, 추녀, 조각품들이 미술이라고 생각하게 한다. 병풍에 그려진 그림, 가구, 창호지와 문살, 연못에 드리워진 건축물, 섬, 다리, 석등, 또한 미술이었다.

교토고쇼는 일반에 공개되지 않았는데 최근 제한된 날짜에 공개

되었고, 그래서 많은 관광객이 쇄도하고 있었다.

길 건너에 도시샤(同志社) 대학이 있다. 우리의 시인 윤동주가 공부한 대학, 거기서 체포되어 후꼬까 감옥에서 해방되던 해 초봄 죽임을 당한 착한 우리의 시인의 발자욱이 남아있는 그 대학에 나도 발을 디뎠다. 대학 채플 옆에 윤동주의 시비가 있었다.

죽는 날까지 하늘을 우러러
한 점 부끄럼이 없기를
잎새에 이는 바람에도
나는 괴로워했다.
별을 노래하는 마음으로
모든 죽어가는 것을 사랑해야지
그리고 나에게 주어진 길을

일본 교토 동지사 대학 교정 윤동주 시비 앞에서

걸어가야겠다.
오늘밤에도 별이 바람에 스치운다.

한글과 일본어로 쓰여진 시비 앞에서 우리는 서 있었다. 한글은 그의 친필이 그대로 새겨져 있었다.

윤동주의 교토생활은 알려지지 않았다. 그러나 오래된 기독교 대학에서 문학을 공부하던 그의 모습을 지금도 상상할 수 있다. 그렇게 착한 시인을 일본은 어떻게 죽일 수 있었던가? 나는 아직도 그가 죽어야 할 죄를 모른다. 한글로 시를 쓴 죄 밖에는.

교토엔 金閣寺라는 절이 있다. 그러나 다음으로 미루고 교토역으로 나갔다.

이튿날, 우리 일행은 나라로 갔다. 자동차로 한 시간 거리. 도다이지(東大寺)라는 절엔 8세기에 만들어진 최대의 15미터 청동불상이 모셔져 있다. 고풍이 여기저기 보이는 나라를 대표하고 있는 절 안엔 사슴이 놀고 있다. 내 어머니가 일제시대 경기여고 졸업여행으로 다녀간 나라와 도다이지 절과 사슴 이야기를 여러 번 들려주셨는데 결국 어머니의 소녀시절이 남아있는 그 절에 나도 갔다. 나라가 우리나라의 "나라"라는 말이다. 나라라는 말은 일본어에 없다는 것이다. 경주의 황룡사를 복원한다면 아마 도다이지만한 규모가 되리라고 추측한다.

사슴이 손님을 반기고 있는 절. 남대문을 통해 大佛殿에 이르는 공간 구성이 또한 정원과 연못, 숲으로 아름답다. 세계문화유산에 오를만하다.

거기서 오사카성으로 이동했다. 내가 들러본 나고야 성보다 그 규모가 크다. 천수각만 그대로 복원되어 있다. 일본 상업의 중심지로 막부권력의 중심이 바로 여기에 있었다. 일본의 남부 사츠마, 쵸스의 사무라이들에 의해 막부가 무너질 때까지 오사카 성은 돈과 권력의 중심지였다. 막부가 도쿄로 수도를 옮긴 후에도 오사카는 번영의 도시였다.

오사카 성안에 도요토미 히데요시의 초상화, 그의 시편, 글씨가 가득하다. 그의 뒤를 이어 도꾸가와의 군부가 이어지고, 명멸한다. 미국의 페리 제독이 이끈 함대의 위력에 막부는 손을 들고, 사츠마, 쵸스의 사무라이들이 새로운 군부를 형성한다. 메이지 유신은 그냥 명분이었다. 후일 조선을 식민지로 만든 이또 히로부미도 그들의 한 사람이었다. 그의 후손들이 태평양 전쟁으로 치달았고, 결국 원자탄의 세례를 받고 무너진다. 일본의 역사는 태평양 전쟁 종말까지 군인의 정치였다. 칼의 역사였다. 오사카 성에서 일본 군부가 지배한 역사의 명멸을 보고 있었다.

일본의 자판기는 언제나 어디서나 깨끗하게 운영되고 있었다. 시골길에서나 기차 안에서 150원이면 꺼내 마실 수 있는 음료수가 거기 있었다. 잔돈은 어김없이 나왔다. 우리나라의 자판기와 달리 일본 자판기는 하나의 거래가 끝나면 잔돈이 나왔고, 그 다음 거래가 다시 시작되었다.

일본 문화가 거기 있었다. 개인주의적 단순거래 문화가 거기 있었다. 어찌 보면 깨끗하고 산뜻하고, 이성적이고.

북해도의 3박 4일

내 일생을 받쳐준 대학을 떠나는 기념으로 일본 호카이도(北海道) 3박 4일 여행에 나섰다.

북해도도 남한 땅의 80%에 해당하는 땅이어서 북해도의 수도이며 가장 큰 도시 삿포로를 구경하고 두 개의 호수가 있는 두 개의 온천장에서 쉬다 왔다.

삿포로 공항은 치토세(新千歲) 공항이라 부른다. 삿포로 교외에 있는 작은 공항, 국제선은 한국인들을 위한 내한항공이 거의 모두이지만 규슈, 혼슈에 살고 있는 남쪽의 일본인들을 위한 국내선이 제법 많이 연결되어 있는 공항이다.

19세기 후반, 메이지 유신 이후 일본이 개척한 땅, 눈과 얼음, 혹한의 땅을 일본에 편입한 때라 120년 전이다.

시베리아에서 온 아이누족이 평화롭게 살던 큰 섬이 일본의 칼로 학살당한 역사가 미국의 원주민 인디언들이 영국인의 총에 학살당한 역사와 같다.

일행 36명은 치토세 공항에서 나와 자동차로 1시간 거리에 있는 시츠코 호수를 둘러보았다. 호수도 대형 화산 폭발로 만들어졌다. 일본의 자연이 아름다운 이유는 화산지대 여서라고 안내하는 분이 말한다.

그 호수로부터 다시 40분 거리에 온천장이 있다. 노보리베츠는 온천장의 마을이다. 거기가면 유황이 계곡을 덮고, 매캐한 유황 냄새가 호텔방에까지 침입하고, 유황 온천을 만들어 멀리서 온 손님을 쉬게 한다. 그 계곡을 '지옥계곡' 이라 부른다. 지옥의 모습이 그만큼 무서운 것이라는 상상력이 재미있다. 그 마을엔 그래서 도깨비들이 상징처럼 서 있고, 염라대왕을 모신 작은 사당도 있다.

일본 열도엔 '지옥계곡' 이 몇 군데 있다. 모두 유황 온천장을 갖고 있다. 협곡이 있다. 일본 열도가 활화산 지대에 속해 있고, 한반도는 사화산 지대에 속해 있는 차이를 느끼게 한다. 그런데 한반도도 지진의 환태평양 지대에 놓여있다고 지질학자는 말한다. 한국인도 안심할 수 없다는 말이다.

온천에 몸을 담그고 나서 저녁 식사, 피곤이 씻기는 듯하다. 온천은 피곤한 몸을, 땀 배인 몸을 씻어주고, 얼어있는 겨울밤을 나게 하는 체온 유지 역할을 한다. 유황 온천은 '만병' 을 치유하는 듯 말하지만 과장된 것이겠지.

이튿날 아침 산정에 있는 곰 목장과 아이누 민속 마을, 기념품 가게를 둘러 보았다. 산정엔 로프 웨이(Rope Way)로 케이블카에 오른다. 여기 곰들은 포악하단다. 아이누족과 곰과 연어가 살던 섬이 북해도의 과거 아닐까? 곰들은 사육되어 있고 아이누족은 단순하고 슬픈 노래를 부르며 산다. 기념품 가게가 민속박물관이다. 서글프다.

거기서 아름다운 호수가 있는 도야야(陶爺)로 이동. 정말 아름다운 호수가 있는데 그 둘레가 40리 호수 안에 섬이 있다. 5개의 섬이 호수를 지키고 있는 듯하다. 유람선으로 그 섬에 갔다 왔다. 5개의 섬을 지키고 다 돌아보지 않고 섬과 섬 사이를 돌아왔는데 물은 거울처럼 깨끗하다. 섬들은 모여 있다.

섬은 언제나 시인의 언어 속에 숨어 있다.

사람과 사람 사이에 섬이 있다.
그 섬에 가고 싶다.

정현종의 짧은 시가 괜찮은 시로 읽히는 것은 섬의 상징성 아닐까? 대륙도 큰 섬인데 우리들은 섬이 아닌 줄 알고 살고 있다.

호수 근처에 쇼와 산정이 있는데 아직도 산정이 유황 가스를 뿜어내고 있다. 이 지대가 아직도 언제 폭발할지 모르는 지진 · 화산지대라고 말하고 있는 듯하다.

Sun Place로 움직이면서 쏘는 불꽃. 한여름 밤을 수놓는 불꽃놀이. 일본 사람들은 봄의 사쿠라(벚꽃), 여름의 불꽃놀이를 좋아한단다. 모두 단명에 끝나는 아름다움은 그만큼 슬프다. 거기 노천 온천에서 호수 속의 섬을 바라볼 수 있어 좋았다.

이튿날 북해도의 아름다운 도시, 오타루를 찾았다. 긴 2시간 거리 그 사이에 후키타시 약수터에 들려 약수를 마시다. 후키타시 약수를 떠다 파는 사람들도 있다. 깨끗한 계곡의 물이 약수로 둔갑한다. 오타루에 들려 점심식사를 하고, 유리 공장과 오르골관(소리나는 장난감, 시계, 보석함)을 만들어 파는 가게에 들렀다.

그래서 아름다운 도시인가? 동해/일본 해안에 있는 도시는 한때 북해도의 중심 항구였으니 낭만의 도시라는 이미지를 얻었을 것이고, 운하가 있으며 베니스를 닮았다 했으리라. 일본 영화, <연애편지>의 배경이 되었으니 분명 아름다운 도시가 되었으리라.

연애편지를 쓰는 사람들은 아름답다. 그 편지를 배달해주는 우편배달부도 아름답다. 그래서 우편국도 아름답다. 우편국을 들여다보았다.

삿포로에 가서는 지금은 역사적 보전 건물이 된 도청 건물을 보았다. 19세기 후반 북해도 개발의 전초기지가 된 2층의 빨간 벽돌 건물, 바로크 형식의 건물이 내 눈에 설지 않다. 도지사의 집무실이 그대로 보전되어 있다.

삿포로는 미국인이 설계한 도시이며 도지사가 미국의 농학자들을 데려와 그 당시 주요 산업이었던 농업 개발에 박차를 가했던 변방의 도시였다. "소년들이여, 야망을 가져라!"라고 말한 크라크 박사도 북해도 대학 창설 멤버다. 그가 북해도를 떠날 때 제자들에게 해준 말은 유명하다. 하고다데까지 말타고 나갔던 미국 교수를 전송했던 일본인 학생들의 정성도 눈물겹다. 그러나 그 은사의 그 제자들 아니겠는가? 그는 변방의 젊은이들에게 감동을 주었다고 들었다. 지금 그가 세운 대학은 북해도 국립대학으로 명성이 높다.

나는 내 제자들에게 무슨 말을 하고 떠날 수 있을까?

여름에는 맥주 축제, 겨울에는 눈 축제로 유명한 삿포로의 오오도리 공원을 산책했다.

시계탑이 있고, 삿포로의 겨울 올림픽이 추억처럼 남아있는 공원, 간간히 비가 내렸다.

마지막 날. 삿포로 맥주 공장에 들러 공짜 맥주를 마시다. 안주도 공짜. 일본의 아사히, 기린과 함께 3대 맥주회사를 이루고 있다. 치토세 공항은 가까운 거리에 있었다. 삿포로에 맥주, 라면을 즐겼으니 삿포로를 다보고, 느끼고, 먹어본 느낌이다.

자연의 아름다움을 상품으로 내놓은 북해도.

제주도와 강원도도 자연의 아름다움을 고급상품으로 내놓을 수 있어야 하는데, 아직은 '경제개발' 우선을 지향하고 있는 것 같아 안쓰럽다. 세월이 갈수록 자연의 아름다움은 최고의 상품으로 각광받을 텐데, 그것을 북해도는 증명하고 있다.

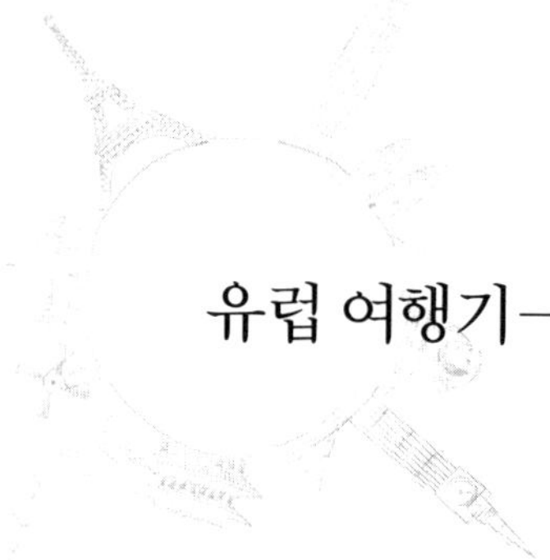

유럽 여행기ㅡ미술여행

미술을 찾아 유럽으로 떠났다. 세인트 피터스버그에서 푸스킨이나 도스토예프스키, 다른 러시아의 문화들의 발자국을 찾은 적이 있다. 그것을 '문학기행' 이라고 한다면 이번 여행은 '미술기행' 이라 하리라.

독일, 체코, 헝가리, 오스트리아의 미술관을 돌아보았지만 정확하게 베를린, 드레스덴, 뮌헨, 프라하, 부다페스트, 비엔나, 셀즈버그의 미술관, 성당을 보았다.

독일은 20세기 초 제1차 세계대전을 겪은 미술가들이 '표현주의' 라는 이름의 화풍을 만들어냈다. 어둡고, 처절한 그림이 밝고, 아름다운 그림을 밀어내 버렸다. 베를린의 국립현대미술관은 지하에 전시장이 있었다. "빛이 없으면 자기 안에서 가장 밝은 이미지를 창조할 것이다."라는 엔 베로니카 젠센의 글이 미술관 입구에 걸려 있었다.

표현주의는 남동쪽 드레스덴이라는 도시의 화가들이 '다리' 라는 동인회를 만들었고 뮌헨이라는 도시의 화가들은 '청기사(靑騎士)' 라는 동인회를 만들어 각각 새로운 그림을 그리기 시작했다. 표현주의의 어두움은 인상주의의 부드러움과 대조되는 것이지만 프랑스의 밝음과 독일의 어두움이 대조되는 것 같다. 프랑스는 햇살의 이미지를 가진 것 같고 독일은 비의 이미지를 내게 심어 주었다.

사랑의 추함, 야성적인 섹스가 잔인할 정도로 정직하게 나타나 있는 표현주의 작품, 오토딕스의 '자본주의 시대의 비너스' 는 나이 든 창녀를 그리고 있었다. 반(反) 미술적인 미술을 처음 만든 사람들이 표현주의자들이다. 표현주의자들은 드레스덴에서 베를린으로 중심 무대를 옮겼지만 뮌헨의 '청기사' 파는 아직도 뮌헨 시립미술관에 칸딘스키 등의 작품이 그대로 전시되고 있다. 러시아 출신의 칸딘스키가 뮌헨에서 그림을 그리고 있을 때 만난 가브리엘 뮌터라는 여자의 그림도 마음에 든다. 거기 가면 칸딘스키의 초기 작품부터 후기 작품까지 다 볼 수 있다. 인상주의적 그림에서 시작해서 어린아이 같은 그림, 선 · 색으로 끝나버리는 단순함으로 변하는 화풍을 볼 수 있다. 그러나 나는 초기 작품을 사고 싶고, 내 방의 벽에 걸어두고 싶다. 후기작품은 다다이즘이나 큐비즘으로 넘어가는 과도기적 그림이다. 미술평론가들은 칸딘스키의 후기 그림이나 피카소의 큐비즘을 높게 평가하지만 그들의 초기 작품을 난 더욱 갖고 싶은 것이다.

뮌헨의 미술관에서 그림을 설명한 안내자는 뮌헨대학에서 학생들을 가르치는 한국 여자였는데 그녀의 은비녀가 인상적이었다.

젊은 여자의 은비녀. 미술작품인 목걸이가 그녀의 검은 원피스에서 빛나고 있었는데 나는 그녀의 은비녀를 감상하고 있었다.

그 이튿날 알테 피나코텍 미술관에서 그녀는 똑같은 모습으로 나와서 스페인의 엘 그레꼬의 작품과 뮤릴로 작품을 설명하고 있었다. 그레꼬의 그림은 성화(聖畵)라 할 텐데 공간의 구성 배치, 색, 인물들이 그의 작품을 멀리서 보아도 식별할 수 있다. 예수의 초상이나 처형장으로 끌려가는 예수의 모습이 화가의 눈에 비친 모습이지만 다른 화가들이 그린 모습과는 다르다. 그의 그림은 유럽의 미술관 어디에서도 찾아볼 수 있는데 어디에서 보든지 그의 그림은 똑같은 어두운 배경과 긴 스타일이다. 어두운 색깔, 검은 색깔이 늘 바탕에 깔려있다. 화가의 색깔은 중세기적 어두움이다. 그의 그림 속의 예수 초상은 바로 그의 초상이란 말도 있다. 중세 성당의 그림을 그린 당대의 화가들이 즐겨 그린 마돈나와 아기 예수, 십자가에 못 박힌 예수, 천사는 화가의 어머니나 애인, 누이, 이웃, 화가 자신이라는 이야기를 들으며 그럴 수 밖에 없으리라고 생각한다. 다른 길이 없지 않은가? 그레꼬가 그린 '예수의 눈물'은 젊은 나이에 죽는 것이 너무 억울해서 흘리는 예수님의 눈물이라고 동행한 신부(神父)님이 말한다. 해석은 자유다. 중세의 성당을 장식한 모든 그림들 속에는 화가의 특권이 들어있는 것이다. 뮤릴로는 16세기 스페인 뒷골목 거지 아이들을 즐겨 그렸는데 그 아이들의 얼굴은 언제나 밝다. 사진 같은 그의 그림 몇 점을 샀는데 가난한 친구들에게 주고 싶어서였다.

프라하는 도시 전체가 미술이었다. 중세의 화려한 성을 돌아보며 조그만 골방에서 소설을 쓰고 있었던 프란츠 카푸카의 '성(城)'

을 생각하고 있었다. 성으로 들어갈 수 없는 자의 고통 · 좌절이 현대인의 아픔으로 평가되고 있는 그의 소설은 난해하지만 읽히고 있다. 그의 아버지가 한때 푸줏간을 경영했다는 광장의 한 모퉁이에서 아름다운 도시의 어두운 내면을 보고 있었다. 밤에는 몸을 파는 아름다운 여자들이 자본주의 · 시장경제의 한 단면을 보여주고 있었다.

스메나타의 음반 '나의 조국'을 샀다. 언제나 한국인의 가슴을 울리는 그의 음악이 약소민족의 서러움이기 때문일 것이다. 그의 음악 속에 나오는 몰타우 강이 눈에 선하다.

부다페스트는 도나우강 양안에 있는 부다와 페스트가 만들어낸 아름다운 도시였다. 부다엔 성(城)이 있고, 페스트에는 성당, 미술관, 광장이 있다. 부다와 페스트는 다리가 놓이면서 하나의 도시가 되었는데 그때 다리를 놓은 왕은 지금도 존경받고 있다. 왜 한강엔 다리를 놓은 왕이 없었을까? 500년 왕조 중 한강에 다리를 놓을 수 없었던 이유도 많겠지만…

공산주의 체제였던 나라에 활기가 차 있다. 관광자원으로도 잘 살 수 있는 나라가 체코와 헝가리이다. 북한은 비무장지대를 자연공원으로 만들어서 관광수입으로도 먹고 살 수 있을 것 같은데 불쌍한 '현대'와 관광공사 돈을 잔인할 정도로 받아가고도 육로를 열 생각을 안 하니 북한 '공산주의'는 언제나 사라질까? 체코나 헝가리가 부럽다. 금강산 육로관광이 후일 열렸다.

오스트리아 비엔나는 음악의 도시. 베토벤, 모차르트, 슈베르트,

브람스의 도시가 아닌가? 한때 화려했던 제국엔 악사도 모였고 그림도 모였던 것 아닐까? 비엔나에도 현대 미술관, 고전 미술관이 있는데 나는 고흐, 모네, 루노아의 작품 앞에 오래 서 있었다. 빈센트 반 고흐는 네덜란드 출신의 화가. 세상 사람이 미술에 조금만 관심이 있다면 그의 작품을 분별할 수 있으리라. 평생 작은 그림 한 점을 팔았지만 오늘 그의 작품은 그야말로 '부르는 게 값' 이다. 불우한 화가는 죽어서 그의 이름을 남겼다. 그의 강렬한 색깔, 투박한 붓의 열정이 보인다. 나는 1962년 그의 '빈 의자' 를 시로 옮겨 연세대 재학 중 『현대문학』으로 등단했는데 빈 의자 위에 놓여 있는 파이프와 손수건이 지금도 처음 보았을 때처럼 인상적이다.

그의 작품을 대하면 생에 열정을 갖게 된다. 고흐의 위대함은 바로 생의 열정이다. 모네는 꽃의 화가요, 루노아는 풍만한 여자의 화가. 꽃, 정원, 여자의 아름다움이 언제 보아도 좋다. 파리 교외 모네의 집을 찾았을 때 그의 작품을 이해할 수 있었다. 루노아의 나체 여인들은 청순해서 좋다.

모차르트의 묘지가 있어도 그의 시신은 어디에 있는지 아무도 모른다. 천재의 장례식엔 오직 세 사람이 참석했는데 그 중 하나가 빚을 받으러 온 사람이었다니 측은하다. 그의 생가가 있는 셀즈버그는 알프스 산기슭에 있는 아름다운 도시였다.

거기서 성당의 유리창을 미술 작품으로 만드는 최영신 씨를 만났다. 그녀의 '유리화' 가 있는 성당에서 미사를 드렸다. 압구정 성당에도 그녀의 유리화가 있다고 한다. 고딕 성당에 유리창의 영역이 커지면서 유리에 그림을 넣어 만드는 일이 커졌다. 얼굴에 화장한 적이 없는 여자, 투박함 뒤에는 아름다움이 있는 것을 성당 유리에서 찾았다. 멋있는 미술가를 만났다.

돌아오는 비행기 안에서 김기창 화백의 '남대문에 들어서는 예수'의 그림과 '십자가에 처형된 예수'의 그림이 유럽의 미술관에 전시되었으면 하는 바램을 가지게 되었다. 한국 화가들 작품, 중국 · 일본 화가의 작품이 없는 유럽은 유럽만의 전시장이었기 때문이다. 한복을 입은 예수의 그림이 그 많은 성화 중 하나로 거기에 있다면 미술관은 그만큼 품위가 있으리라.

유럽이 하나가 되고, 2002년부터 하나의 화폐를 쓰게 되지만 유럽은 중세 때부터 적어도 미술 · 건축 세계가 하나로 되어 있었음을 확인했다. 아니 로마 제국이 유럽을 하나로 만들었고, 기독교가 또한 유럽을 하나로 만든 초석이 되었다. 한반도는 아직도 하나의 나라를 세우지 못하고 있으니 부끄러울 따름이다.

한국화 · 수채화가 그립다. 유화가 서양화라면 수채화는 동양화이리라. 한국화 · 동양화가 서양화와 비교해 손색이 없음을 다시 한번 확인하게 된다.

나는 파리의 방랑자

한국과 일본사이의 바다이름을 동해(한국해)와 일본해로 병기해야 한다는 글을 발표하기 위하여 파리에 갔다. 국제 수로국이 모로코에 위치하고 있고, 모로코는 불어권의 나라여서 파리에서 열리는 바다이름 회의가 의미 있었다.

가을이 깊어 가는 파리의 모습은 봄과는 또 다른 아름다움을 보여주고 있었다. 낙엽이 거리를 덮고 군밤장수의 따스함이 정겨웠고 가을의 국화는 차가움의 아름다움을 보여주고 있었다.

창가에 놓인 꽃들이 고운 빛깔을 아직도 간직하고 있었다. 그러나 파리의 아름다움은 여전히 고풍스런 건물과 세느강, 공원, 성당, 역사가 만들고 있었다. 계절이 오고 가도 파리는 아름다운 도시라고 생각하고 있었다.

금요일 오후 소르본 대학, 노틀담사원, 루브르박물관, 콩코드 광장, 개선문에 이르는 상드리제 거리를 걸어 나갔다. 3시간 반 파리의 방랑자가 되어 5년 전 딸과 함께 걸어 나갔던 거리를 혼자 걸어 나갔다.

소르본 대학 돔 위에 십자가가 있어서 교회 건물로 착각할 수 있지만 교회가 중심이었던 대학을 상상할 수 있다. 하바드 대학도 기독교로부터 시작한 것을 아는 이가 드물다. 대학근처에 큰 책방들이 보기 좋았다. 그 전과 달리 통행이 부자유스럽다. 9 · 11 영향이 이곳의 대학에도 영향을 미치고 있었다.

세느강의 작은 섬 위에 서있는 노틀담 사원만큼 파리를 대표하는 건물도 없다. 1163년 알렉산더 3세 교황이 초석을 놓은 이 사원 자리에 로마사원이 있었다니 이 섬은 성지임에 틀림없다. 1361년 완성된 이 성당에서 잔다르크가 1455년 재판을 받았고 헨리6세 즉위식도 있었다. 불란서혁명이 이 성당을 세속화했고 한때 마구간으로 전락했지만 빅톨 유고가 쓴 『노틀담의 꼽추』(1831)가 그리고 나폴레옹 3세가 재건에 공헌했다. 제2차 세계대전 기간, 그리고 그 후 불란서인들의 기도 처소가 되었고, 찰스 드골 장군의 귀환 축하도 여기에서 있었다.

성당 전면의 건축, 조각이 바로크 건축양식의 대표가 되었다.

성당에 들어서면 관광객이라도 의자에 앉아 기도하게 된다. 그 공간이 불란서 역사의 숨결이라면 더 경건하게 된다. 종탑은 유료가 되어있다. 꼽추가 종을 치던 종탑을 바라보면서 루브르박물관으로 갔다. 빅톨 유고가 노틀담 사원을 부유하게 만들어주고 있었다.

루브르박물관은 불란서 왕조의 궁전이었다. 오늘 세계 최대의 미술관이지만 1200년경 궁전으로 지어진 사실을 아는 이 많지 않다. 파리 교외 베르사유 궁전은 루브르 궁전 다음에 지어졌다. 1500년대 오늘의 모습을 나타냈지만 나폴레옹 3세가 1852년 마지막 증축을 했다.

루브르미술관은 레오나르도 다빈치가 그린 '모나리자'가 유명하고 그리스 조각품 "미로의 비너스"를 소장하고 있다. 시간에 쫓겨 그 두 작품 앞에 서 있다가 나왔다. 내게는 비너스가 더 귀중하다. 그러나 요즘 뜨고 있는 소설 『다빈치 코드』가 모나리자 미소를 더 많이 찾게 하는 듯하다.

콩코드 광장. 루브르박물관 한 끝에 분수와 숲이 있는 공원이 있다. 거기 앉아서 석양을 즐겼다. 청동오리가 분수를 즐기고 있었다. 광장은 나폴레옹이 이집트를 정벌하고 가지고 온 23미터 상형문자탑으로 유명하다.

상형문자의 예술성은 정일품이다. 거기서 루이16세와 왕비가 단두대의 이슬로 사라졌다. 왕정이 무너지고 공화국이 섰다. 그 때 혁명은 잔인했다. 그렇게 역사는 진행해왔다. 서울의 광화문, 종로에도 성공하지 못한 혁명의 잔해가 남겨져 있다. 사람들은 오늘의 삶을 살면서 역사를 잊고 산다.

광장에 서면 개선문이 보인다. 그러나 그 거리는 만만치 않다.

나폴레옹이 황제가 되어 1806년 개선문 공사를 시작해 1983년에 완성된 공사. 혁명의 시기에도 영웅에게는 필요한 상징이었을 것이다. 그 거리를 상드리제(엘리제 평원, Champs Elysees)로 부른다. 그 곳은 고급 백화점이 즐비하다. 서울의 명동일까.

저녁이 밀려왔고 나는 내 침실로 돌아왔다. 포도주에 취해서 잠들었다.

토요일 아침 나는 몽마르트 언덕을 오르고 있었다. 파리가 내려다 보이는 가장 높은 언덕에 큰 성당이 있다. 우리말로 성심대성당이라 부른다. 불란서 말로 The White Basillique du Sacre Coeur이다. 몽마르트 언덕은 바로 유명한 성당이다. 파리의 북쪽에 위치한 이 성당 주변엔 상가들이 있고 관광객들이 몰려 쓰리꾼들이 많다고 소문이 나 있는 곳이다.

나는 아침 미사에 참여했다. 거기서 수녀들의 찬송가를 들었다. 신이 내린 그렇게 아름다운 목소리를 들은 적이 없다. 미사가 끝날 때까지 거기 앉아 있었다. 언덕 위에서 세느강을 바라보고 에펠탑을 바라보기 위해 많은 관광객들이 모여 있었다. 천천히 전철역으로 걸어 나왔다. 빅톨 유고역이 보여 그리로 가는 기차를 탔다. 종점에서 두 번째 역에 내려서 빅톨 유고의 집을 물으니 아는 이가 없다. 나는 착각하고 있었다. 그의 집은 내가 머물고 있는 호텔에서 그리 멀지 않은 곳이었다.

물어 물어서 기차를 세 번 갈아타고 유고의 집을 찾아갈 수 있었다. 파리의 지하철도 9호선까지 있으니 환승역들이 많다.

정사각형의 공원이 나오고 한 모서리 집에 유고가 그의 가족과 함께 살다가 운명했으니 그 집이 역사적 보전 처소가 되었다. 공원을 둘러싼 정사각형의 3층짜리 아파트가 고풍스럽다. 19세기 유고가 살던 그때 그 건물이다. 2층 280평방미터 공간에서 그는 16년을 살았다. 1832~1848. 그의 나이 30세부터 46세까지. 50대, 60대 초반 그는 벨지움, 영국해협의 저지섬, 건시섬에서 유배생활을 했다. 이 집에서 아내와 네 아이들과 살았다.

그가 고급 아파트에서 잘 살 수 있었던 까닭은 그의 연극 <허나니>와 소설 『노틀담의 꼽추』가 성공적으로 팔렸기 때문이라니 19세기 초엽 불란서에 이미 베스트셀러가 나왔다는 말이다.

그는 광장을 걸으며 사색하며 창밖으로 봄, 여름, 가을, 겨울을 바라보고 작품을 구상하고 썼다. 당대 문호들과 그 집에서 교류했다. 그 가운데 듀마도 들어있다. 유명한 레 미제라블 대부분을 여기서 썼다. 그가 쓰던 응접실에는 중국의 도자기와 그림들이 진열되어 있었고 식당은 중세풍으로 장식되어 있었다. 침실은 어두웠다. 침실에는 높은 침대가 있었고 높은 책상이 있었고, 긴 거울이 걸려 있었다. 1902년 그의 친구이며 시인이었던 폴 모리스가 이 아파트를 사서 파리 시에 기증했다. 그의 탄생 100주년 기념일에 박물관이 되었다.

아래층에는 그가 남긴 책들이 유리상자 속에 놓여 있었고, 방문객들에게 그의 생애를 담은 비디오를 보여주고 있었다. 불어로 된 비디오만 돌아가고 있었다. 불어를 모르는 나도 답답하지만 불란서 사람들도 답답하다.

그의 유배생활은 한국인들에게 잘 알려져 있지 않다. 그는 스스로 망명객이 되었다. 나폴레옹 3세가 싫었던 것이다. 제2공화국 시절 그는 국회의원으로 당선되기도 했지만 그는 불란서 자유 민주주의를 대표하는 시인, 작가로 더 알려져 있다. 그가 불란서 혁명을 그의 작품 속에 깊이 각인해놓은 것을 이해할 수 있다. 그를 평가절하한 비평가도 있지만 그는 불란서를 대표하는 작가임에 틀림없다. 그는 불란서 안에서는 시인으로, 밖에서는 작가로 더 잘 알려져 있다.

그의 레미제라블, 가난한 사람들이 나를 문학의 길로 인도했던 사실을 여기에서 고백한다.

저녁. 룩셈브룩 전철역으로 올라올 때 쓰리꾼에게 지갑을 도난당하기 전 위기를 모면한 기쁨을 공원 의자에 앉아서 만끽하고 있었다. 룩셈브룩 궁전은 지금 상원으로 쓰이고 있다. 이태리 메디치가의 마리 왕비가 요청해 지은 룩셈브룩 궁전은 1615년에 공사가 시작되어 5년 걸려 완성된 아름다운 건물이다. 그 궁전에 딸린 정원이 공원이 되어있다. 그녀의 아들이 루이13세. 왕비는 리치리우추기경과의 권력싸움에서 실각하고 만다.

겨울이 오기 선에 150 그루의 종려나무들과 오렌시 나무들이 온실로 옮겨지고, 봄이 오면 35만 그루의 꽃나무가 심겨지는 공원, 파리 시민들이 가장 사랑한다는 공원. 연인들의 밀어가 깊어 가는 가을에도 그곳은 아름다웠다.

그 공원을 걸어 나오며 파리의 연인이 되어 다시 찾아올 것을 다짐했다. 도시가 예술작품인 파리, 영원하여라.

비엔나, 경쾌한 비엔나 월츠

빈 대학에서 열리는 바다이름 회의에 논문을 발표하기 위해 화요일 저녁 6시 빈으로 가는 오스트리아 비행기에 타고 이튿날 아침 8시 45분 빈 공항에 도착했다. 빈과 워싱턴을 바로 날아갈 수 있는 비행기가 있는지도 이번에 알았다. 빈이란 이름보다 난 비엔나란 이름이 더 좋다. 유럽의 도시로 날아갈 때면 언제나 밤으로의 긴 여로. 파리로 가든, 베를린으로 가든, 모스코바로 가든, 비엔나로 가든 언제나 밤 비행이었다. 생떽쥐베리의 비행이 그래서 생각난다.

비엔나 행이 두 번째 여행이지만 아름다운 역사의 도시에 언제나 오고 싶은 마음이다. 빈 공항에서 조셉 카이저 황제 호텔까지 기차로 한 시간 거리. 한 번 갈아타고 호텔에 닿아 여정을 풀고 밀린 잠을 청한다. 주택가에 자리 잡은 호텔은 베토벤이 거닐던 비엔나 숲에서 그리 멀지 않다. 그래서 좋았다. 오스트리아.

한국대사관저에서 저녁식사에 초대해 주어 몇 년전 나온 베토벤 영화의 배경이 된 그린징(Grinzing) 마을을 돌아 대사관저에 도착했다. 김대사 내외의 따뜻한 배려로 좋은 저녁식탁에서 한국, 북한,

북한의 핵, 한민족의 예술성, 열정을 이야기했다. 김 대사는 한국 음악, 예술지망의 유학생들이 가장 많은 비엔나와 북한 핵을 규제하는 국제기구가 있는 비엔나에 관해 이야기했다.

필자가 반체제 문필가로 살고 있었던 70년대 북한에서 보내온 선전책자들이 모두 비엔나 우체국으로부터, 아니면 하바나, 큐바 우체국으로부터 오던 시절을 그에게 이야기했다. 비엔나로 필자를 초대하던 북한의 첩자 이야기도, 이미 옛이야기가 되고 말았다. 세월은 강물처럼 흘러가고 있으니, 이제 남북한 대사관이 있는 비엔나의 국제정치가 그의 혜안에 달려 있으니 그의 행운을 빈다

이튿날 아침 전차로 비엔나 중심가에 있는 빈 대학 회의장으로 갔다. 1950년대 서울 돈암동에서 원남동까지 전차로 통학하던 때가 그리웠다. 일본은 학자나 관리를 이 회의에 보내지 않았고, 보내지 않은 이유를 공식서한으로 적어 이 대학에 보내왔다. 일본해란 이름이 이미 19세기 세계지도에 정착했고, 그래서 일본해/동해 병기를 거부하는 뜻을 전해왔는데, 일본의 해안선이 동해안 해안선보다 길다는 이유를 곁들였다. 그럴테지. 양심의 가책을 느끼지 못하는 일본인들. 개인적으로 타인에게 폐를 끼치지 말라고 가르치는 일본인들이 국가적으로 패륜아가 아닌가. 북한학자로 동경 조선대학에서 은퇴한 사공 준 교수가 일본의 주장을 반박했다.

필자는 금요일 아침 바다이름이나 사람이름이 모두 시적인 동기를 갖고 태어났으며 동해가 삼국유사 고구려 건국이전에 존재한 이름이며 광개토대왕 묘비에 적혀있는 이름이라는 사실을 소개하며 2007년 세계의 지성인들이 일본의 신조 아베 총리의 망언에 분

쇈부른 궁전 뒤에서

노하고 있는 사실을 소개하며 위안부 문제나 잃어버린 동해 이름이 모두 일본식민주의에 같은 뿌리를 두고 있음을 지적했다. 몰론 일본이 주장하는 일본해 정착이 한국 식민지시대 이전에 정착했다 해도, 20세기 초 항해 기술이 급진적으로 발달한 그 시대, 40년 식민지시대가 동해를 완전히 지도상에서 추방한 결정적인 사건이었음을 죄송스럽게 받아드려야 한다고 주장했다.

쇈부른 궁전과 월츠 음악회를 관람했다. 5월 모나코에서 열리는 국제수로국 총회에서 한국의 주장이 세계인의 양심에 전달되기 바라는 마음뿐이다.

토요일 아침, 비엔나에 사는 한스 한 사장 안내로 오스트리아-헝가리 제국의 상징인 쇈부른 궁전(Shonbrunn Palace)을 보고 저녁에는 요한 스트라우스 월츠 음악회에 갔다. 이번 여행의 백미는 '아름다운 분수의 궁전' 방문과 월츠의 발견과 그 기쁨이다.

쇤부른 궁전은 오스트리아-헝가리 700년 제국의 궁전으로 손색이 없었다. 베르사이유 궁전보다 규모가 작지만 아기자기한 모습이 아름답다. 정원은 산으로 올라가면서 펼쳐져 있다. 나폴레옹이 이 궁전에서 오스트리아의 항복을 받아내고, 오스트리아 제국은 해체되고 영광은 거기서 끝난다. 정원의 벤치에 앉아서 역사의 명멸을 바라보고 있었다. 루돌프 황태자의 자살이 그의 사랑과 진보주의 때문이라면 오스트리아 멸망은 그의 죽음에서 예고되었다. 그의 고모 마리아 안토네트가 불란서 루이16세 비가 되어 불란서 혁명의 와중에 단두대 이슬로 사라지는 역사의 뒤안길에서 우리들은 정치적 교훈을 얻어야 한다.

비엔나 월츠. 비엔나의 음악이고 오스트리아의 음악이다. 요한 스트라우스2세가 만들어낸 음악이 비엔나 공원의 한 모퉁이에 위치한 음악당, 커사론 빈(Kursalon Wien)에서는 비엔나 월츠가 매일 저녁 공연되고 있다. '비엔나의 소리'로도 알려진 음악회에서 나는 경쾌한 월츠에 반했다. 노래하는 남자와 여자가 요정 같았고, 춤추는 남자와 여자가 요정 같았다. 모차르트, 베토벤만 비엔나에 있는 것이 아니더라. '푸른 다뉴브 강 위로'가 음악회의 마지막 순서였는데 모두 일어서 그 음악을 듣고 있었다. 그 노래가 오스트리아 제2의 애국가인 줄 몰랐으니 내게 여행은 필요하다.

일요일 아침, 돌아오는 오스트리아 비행기 안으로 들어섰을 때 비엔나 월츠가 나를 반기고 있었다.

스위스에서의 일주일

이 지구 위에서 가장 아름다운 나라 하나를 고르라면 스위스를 고를 것이다. 알프스 산으로 된 작은 나라, 가장 부유한 나라, 열려 있는 사회.

독일 뮌헨을 거처 제네바에 도착했다. 밤으로의 긴 여행을 마치고 정오에 제네바에 도착하니 하나뿐인 아우가 기다리고 있었다. 내 스위스 여행도 그 아우가 유엔 대표부 대사로 일하고 있기 때문에 그를 만나기 위한 개인적 이유도 있었다. 우리 형제가 함께 한 도시는 그가 경제공사로 일하던 워싱턴이었다. 내가 살고 있었던 워싱턴이었지만 나는 한국에서 가르치고 있었으니 서로 헤어져 있었다. 그가 대사로 일하던 태국에서는 방콕에 내려 전화로만 안부를 나누었을 뿐이니 제네바는 우리 형제가 만난 이국의 도시가 되었다.

관저에 가서 여장을 풀고 내려다보는 제네바 호수(Lac Leman, 스위스인들은 레만 호수로 부른다)가 피곤을 씻어준다.

점심식사 후 제네바 올드 타운을 찾다. 제네바 대학교정을 걷다. 칼빈의 동상이 우뚝 솟아있다. 칼빈의 대학이다. 고풍스러운 상아탑의 인상이 좋았다. 아우가 젊은 외교관시절 살았던 아파트도 돌아보았다. 일요일 오후 도시는 조용하고 한적했다.

제네바는 호수를 중심에 두고 세워진 도시. 그 호수의 일부는 불란서 땅. 스위스와 불란서 사이 국경이 있어도 여권을 보여 달라고 하지 않는 편리한 관계. 제네바는 불어를 쓰고 다른 지역은 독일어를 쓰는 언어의 다원적인 사회. 언어가 다르면 분열될 수 있지만 스위스는 하나의 나라로 견고하다. 독어, 불어, 이태리어, 영어가 능통해야 살 수 있는 나라. 정치적으로 영세중립국. 제1차 세계대전이 끝나고 세워진 국제연맹(League of Nations)이 제네바에 위치하게 된 이유도 거기에 있다. 열려있는 나라가 갖는 이점은 크다.

우드로 윌슨 대통령이 제안해 만든 국제연맹이 제2차 세계대전 후 국제연합(United Nations)으로 발전했지만 그 본부가 뉴욕에 위치해 있을 뿐 실제 전문기구가 거의 모두 제네바에 있어서 제네바 대표부가 갖는 외교적 위상이 높다. 뉴욕은 안전보장 이사회와 총회가 열리고 있지만 통상, 군축, 인권 문제들은 제네바에서 논의되고 의결되고 있다.

우드로 윌슨 대통령이란 이름의 호텔도 보인다. 호숫가의 한 호텔에서 한국의 독립운동가 이승만과 오스트리아에서 온 중년의 프란체스카 여사가 만나 연애에 빠졌는데 그 호텔이 아직도 그 자리에 서 있다. 이름은 달라져 있었다. 현재의 이름은 Les Burgues. 한국인들과의 인연이 제네바 호수에 숨겨져 있는 것을 찾아 내려면 일주일 여정이 짧다.

제네바 인구의 3분의 1이 외국인이라는 사실이 제네바가 국제적 도시라는 사실을 입증하고 있다. 그러나 이상하게도 스위스는 유럽연합에 가입하지 않고 있다. 가입해서 얻는 것이 잃는 것보다 적다는 결론을 내린 것 같다. 스위스 사람들은 수전노로 알려져 있다. 손해보지 않겠다는 뜻은 알만한 데 긴 안목으로 보면 손해보고 있는 것이다. 손해 보며 사는 사람들 속에서 나는 괜찮은 분들을 본다. 적십자사 본부가 제네바에 있는 것이 신기하다. 어찌하여 수전노가 적십자사를 운영한단 말인가? 유로로 바꿔 간 돈을 스위스 돈으로 바꿔 쓰는 내 심정을 아시겠습니까? 나의 무지를 탓할 수밖에.

이튿날 아우는 나를 유명한 중세의 성 Chateau Gruyeres, 구루에 성으로 안내한다. 제네바에서 차로 한 시간 거리에 있는 중세기 고성은 언덕위에 있고 마을은 완전히 관광객들의 것이다. 성안에는 미술전시가 열리고 있었고 축제가 열리고 있었다. 여기 음식은 치즈를 녹여가면서 마른 고기와 양파와 오이장아찌를 함께 먹는 것인데 옛날 양치는 목동들이 즐겨먹던 양식이란다. 양을 치러 며칠씩 산정에 오르면 그런 마른 고기를 준비할 수 밖에 없다. 우리나라에도 육포란 음식이 있는 것처럼. 목동들의 음식은 오늘에 와서는 클린턴 미국대통령이 즐겨먹고, 나도 즐긴 음식이 되었다. 세월은 가도 음식은 남으니 음식도 예술인가.

유럽의 중세는 봉건영주들의 세상. 성주의 집은 오늘날 고성이 되어 마을을 부유하게 만들고 있다. 현대국가가 생겨나고 봉건영주들의 땅은 지방자치란 이름으로 전통을 이어가고 있으니 연방제 나라가 건강한 정치체제가 되어있다. 일본도 도꾸가와가 천하통일 전 봉건영주들의 세상이었으나 현대일본에서 지방자치의 전통은

약하다.

돌아오는 길에는 호수의 저 편을 돌아 불란서 땅으로 들어갔다. 마시는 물로 유명한 에비안(Evian)에 들려 그곳 약수를 마셨으니 스위스여행이 예상치 않게 다복했다.

8월 1일은 스위스 국경일. 그날 밤은 동네별로 불꽃놀이가 벌어지고 있었다. 동네유지들이 나와 국경일 행사를 갖고 알프스 산정의 목동들이 사용한 땅에 닿는 쓴 긴 피리를 3인조 악사들이 불고, 악대들의 국가연주가 있고, 동장의 간단한 연설도 있었는데 관중들이 짧게 하라고 주문하고 있었다. 모든 연설은 여자의 짧은 스커트 길이이기를 바라는 대중의 뜻을 다시 한번 즐겁게 음미하고 있었다.

8월 2일. 비. 불란서의 휴양지로 유명한 안시(Lac Annecy)를 찾다. 거기도 아름다운 호수가 있는데 고풍스런 도시가 있었다. 홍합으로 점심식사를 하고 후식을 즐겼다.

8월 3일. 흐림. 스위스 수도 베른(Bern)으로 향했다. 차로 2시간 거리. 가는 길에 올림픽위원회가 있는 로산(Lausanne)을 거치고 후리버그(Friebourg)를 보다. 내게는 서서 아주머니가 한 분 계셨는데 외당숙의 아내. 그녀는 독일에 유학한 외당숙을 만나 결혼, 일본식민지시대 조선으로 왔는데 남편이 공산주의자가 되어 월북, 한많은 한국을 떠났는데 그 아주머니의 고향이 후리버그. 감개가 무량했다. 그 아주머니도 세상을 떠났고, 그의 딸이 거기 어디 살고 있으니 언젠가 이 마을에 다시 찾아와 먼 친척의 관계를 글로 쓰고 싶다.

베른에 당도하니 빗발이 세어지다. 박원화 대사가 루처린(Luzern)으로 가서 미술관을 찾아보라고 제안한다. 스위스는 미술관, 박물관으로 유명하다. 내가 들린 미술관에서 피카소와 폴 크리(Paul Klee)의 작품들을 원없이 보았다. 부자나라는 달랐다. 그 도시에는 유럽에서 가장 오래된 나무다리가 있고 불란서혁명 당시 루이16세를 지키던 스위스 용병들의 죽음을 애도한 사자상이 있다. 돌아오는 길에 베른 도심지를 걷고 보았다. 아름다운 도시가 도처에 있으니 스위스가 아름다운 나라가 아니겠는가.

대사관저에서 하룻밤 과객이 되다. 저녁식탁에서 나눈 정담 속에 환경외교도 들어 있었다.

박 대사는 환경과 해양법에 정통한 외교관으로 알려져 있어 내가 얻은 것이 많았다. 관저도 고색이 창연하기는 마찬가지. 북한대사관도 거기 있으니 북한외교관도 아름다운 나라를 꿈꾸기 바라고 있었다. 가장 추하고 가난한 독재자의 나라에서 온 외교관은 스위스에서 무엇을 보고 살까? 매일 망명의 꿈을 갖고 살지도 모른다.

다음날 아침 청명. 두 개의 호수(Interlac)를 지나 융 후라우(Jung Frau), 젊은 처녀라는 독일어의 산정을 찾다. 유럽의 정상이라는 애칭을 갖고 있는 눈쌓인 산정으로 톱니바퀴의 열차가 힘겹게 오른다. 200년 전에 암벽 속으로 터널을 뚫고 기차가 오르게 한 과학기술이 칭찬할 만하다. 3,000미터 산위에서 한가롭게 풀을 뜯고 있는 젖소들과 양, 들꽃이 피어난 정상은 신성할 정도다. 최정상에서 내려 눈을 밟고 섰을 때 에베레스트 정상에 오른 산악인의 감정을 이해할 수 있었다. 중간역에서 내려 소세지와 양배추저린 점심을 들고 하산. 햇살은 따뜻한 데 습도가 없으니 올 여름 피서는 기록할 만하다.

제네바로 돌아오는 길에 로잔에 들려 좋은 저녁식사를 하다. 농어 요리와 야채샐러드. 호수가의 최고급 음식점이 좋았다. 제네바에 들어와서 한여름밤 축제가 호숫가에서 벌어지고 있어 길이 막혀 밤늦게 숙소에 도착.

8월 5일 아침. 청명. 불란서 땅에 있는 몽부랑(Mont-Blanc)을 찾다. 유럽의 최고봉. 4,816미터. 하얀산이라는 이 산정은 제네바에서도 보인다. 2시간 거리, 몽부랑에 이르니 이태리 미라노로 가는 도로표시판이 보인다. 바로 거기에 이태리도 있고, 불란서도 있고, 스위스도 있다. 차모니(Chamonix) 마을은 몽부랑 때문에 생겨났고 발전한 도시.

몽부랑 옆의 산정까지 케이블카가 오른다. 유럽의 성산이다. 백두산, 한라산이 우리들의 성산이라면. 아리조나 그랜드 캐니언이 인디언들의 성산이라면 몽부랑은 유럽의 성산이다. 300년 전 유럽인들은 이 성산을 찾아 오르기 시작한다. 우리들은 언제 우리들의 성산을 자유롭게 오를 수 있을까.

샤모니 골프장에서 점심식사를 하다. 눈 쌓인 정상을 바라보며.

몽부랑은 내게 특별한 의미를 주고 있다. 내가 쓰는 만년필이 몽부랑인데 그 만년필을 내게 선물한 친구의 마음을 한 시도 잊지 않고 살고 있다. 안주머니에 꽂혀있는 만년필은 내가 갖고 있는 최고의 자산이다.

알프스 산정과 호수사이에서 보낸 스위스 일주일은 내 생애 최고의 일주일이었다고 감히 말할 수 있다. 누가 여행은 한 편의 시라고 했는가? 이 글이 한 편의 산문시가 되기를 바란다.

우리나라가 동양의 스위스가 되기를 간절히 바라고 있다. 정치적으로 중립국이고 경제적으로 부유하고 사회적으로 열려있는 나라가 거기 있기를 바란다.

스칸디나비아

덴마크의 수도 코펜하겐에서 출항한 프린세스 크르즈는 스웨덴의 수도 스톡홀름, 핀란드의 수도 헬싱키, 러시아 고도 세인트 피터스버그, 에스토니아의 수도 톨린, 폴란드의 역사도시 그단자, 노르웨이의 수도 오스로, 그리고 마지막 항해, 모항으로의 귀환, 11박 12일의 여정을 끝냈다.

스칸디나비아 · 발틱해안의 나라들은 한결같이 깨끗하고 소박하다. 그들의 언어는 모두 다르지만 역사의 깊이 속에는 약소국의 서러움도 들어있다. 에스토니아, 핀란드가 더욱 그렇다. 춥고 긴 겨울을 지낸 6월의 햇살이 마침 신록의 분위기를 자아내고 있었다. 거기 사람들은 한결같이 인간의 동등권을 위해 사회주의 체제를 유지하고 있고, 유지할 것이다. 미국식 시장경제주의체제가 반드시 우월한 것이 아님을 웅변하고 있다. 인간의 사회가 돈이나 물질보다 의미 있는 삶을 추구하는 정부가 좋은 정부 아닐까. 정치인들이 협잡꾼이 아니라면 복지국가 건설이 그리 어렵지 않다고 조용히 말해주고 있는 듯하다. 정치인들이 소박한 사람들이라면 국가의 재정이 복지국가를 만들고 남을 것 같다. 여기 나라들은 다행히 시민들의 예의가 갖추어져 있고, 인구 수가 적어 복지국가 운영이 어렵지 않게 보인다. 그리고 모두 칭찬할 만한 친 환경적인 나라들이다. 소설에서 읽던 백야를 체험하고 왔으니, 해는 새벽 4시에 뜨고, 밤 10시가 넘어서 지니 잠이 부족한 몸은 피곤할 지경이다. 그러나 여행자들에게는 여행을 연장해주는 효과가 있어 다행이리라. 햇살을 향해 연인들도 마주 앉지 않고 해를 바라보고 있는 모습이 시인에게는 스칸디나비아 인상이라고 할까.

6월 9일 아침, 코펜하겐 공항에서 중심가로 이동하는 버스의 창으로 보이는 풍력의 대형 바람개비가 바다 속에 서 있어 경탄했다. 덴마크 전기의 30퍼센트를 풍력으로 얻고 있는 지혜가 친 환경적이다. 의회를 방문했을 때 주차장엔 자동차 대신 자전거가 많이 서 있었다. 국회의원들이 자전거를 타고 온단다. 와! 경탄할만한 나라. 국회와 국회의원님들. 얼마나 소박한 나라인가. 그 옆에 국회도서관이 있고 그 정원에

덴마크 인어공주상

는 이 나라 출신 철학자 키엘케골의 동상이 서 있다. 동화작가 안델센과 키엘케골만큼 유명한 덴마크 사람들이 없을 텐데 그의 동상도 소박하다.

모두가 너무나 소박하다. 왕궁도 인어공주도 소박하다. 인어공주가 아주 작은 동상인 것을 처음 알았으니 백문이 불여일견이라. 공주를 보러가다가 거기 바다위에 떠있는 병원선을 보았는데 한국전에 참가한 선박이라니 놀라웠다.

필자도 부산피난시절 병원선은 아니지만 덴마크 의료시설의 도움을 받았었으니까. 한국의 농업발전을 위해 건국대 농과대학을 지원한 이 나라 마음을 고마워한다. 인구 600만의 나라. 유학생이 다수인 한인들이 500명 살고 있다.

우리들은 배에 올랐고 배는 석양을 뒤로 떠났다. 우리들은 백야현상을 바라보고 있었다. 실감하고 있었다.

이틀날엔 기항지가 없어 수영을 즐기고 반 누드로 햇빛을 즐기고, 트레드밀에 가서 운동을 즐긴다. 밤이 오면 술을 마시고 춤을 추고, 극장에 가고, 사우나에 들린다. 이 지상 낙원이 바로 여기인가 하노라.

6월 11일 아침, 스톡홀름에 도착. 다도해같은 바다위에 떠 있는 섬들은 녹색의 숲이었고, 그 속에 조그만 집들이 보일듯 말듯 서 있었다. 스톡홀름은 노벨상으로 유명한 도시이지만 1972년 유엔의 첫 번째 환경회의가 개최되었던 도시. 그래서 환경을 가르치고 산 필자에게 이 도시는 특별한 의미가 있다. 다이나마이트를 발명한

스웨덴 스톡홀름 시청

노벨은 그의 재산을 노벨상 기금으로 내놓아 지난 100년 문학, 의학, 화학, 물리, 경제, 평화의 발전을 도아왔다. 막상 그 상을 결정하는 한림원은 소박한 2층 건물에 있었다. 세계최고의 상을 받는 시상식도, 연회장도 시청에 있는데 빨간 벽돌내부에 치장도 없다. 평화상은 노르웨이가 스웨덴으로부터 독립하면서 노르웨이로 가서 오슬로 시청에서 매년 12월 시상식을 열고 있다. 50만 달러보다 더 큰 상이 이 상인데 평화상은 너무 정치적이어서 그나마 불신을 만들고 있다. 한 평생 독신으로 살다가 간 노벨이 다이나마이트를 발명한 이유가 이번 여행으로 분명해졌다. 스웨덴은 바위의 나라, 그래서 바위를 깨는 폭약이 필요했다.

바사박물관에 가서 바다 속에서 건져 올린 400년 전의 함선 한 채를 구경하고 나왔다.

6월 12일 아침. 다시 한 시간이 빠른 헬싱키에 도착. '발틱해의 딸' 로 불리워지고 있는 도시. 러시아 정교회가 있고 거기서 멀지않은 곳에 루터란 교회가 있는 도시. 러시아 식민지시절 상징과 스웨덴 식민지시절 상징이 함께 공존하고 있는 오래된 도시. 핀란드 대통령은 화장도 하지 않은 아주머니, 이 나라 의회위원들도 자전거를 타고 다닌다. 인구 500만 나라의 절반이 이 도시에 살고 있다.

6월 13일 아침. 한 시간이 빨라진 러시아의 고도, 세 번째 방문이지만 언제나 이 도시 방문은 괜찮다. 제정 러시아의 화려함과 운하가 있는 도시, 러시아 문학과 예술이 그대로 남겨져 있는 도시, 푸시킨의 문학이 있고 도스토예프스키의 문학이 있고, 뜨르게네프의 문학이 있다. 피터 대제가 늪지대로부터 만들어낸 도시. 그가 없었다면 러시아도 없었을 것이라고 상상한다. 일찍 일행은 모스코바로 떠났고 필자는 배 안에 남아 있다가 저녁에 '백조의 호수' 를 보러 오페라 극장으로 갔다. 벌써 수없이 본 춤이지만 이제 관광객을 위한 춤으로 관객의 박수를 많이 유도하고 있었다. 세상이 변하고 있다. 러시아도. 그러나 러시아는 아직도 비밀이 많은 나라인지 출입국관리가 삼엄하다. 훔쳐갈 물건도 없는 나라인데. 아직도 공산당의 볼품없는 권력을 방문객들에게 보이고 싶은 모양인가.

6월 14일 아침. 제정 러시아 겨울궁전이면서 현재 허미티지 미술관에 가서 다시 한번 제정 러시아의 부가 사들인 그림들을 보면서 고호, 고갱, 모네, 모디리아니, 마티스, 피카소… 쟁쟁한 화가들을 다시 만날 수 있어서 좋았고, 화려했던 황실이 결국 공산주의 혁명의 물결 속에 속절없이 무너져 내린 역사적 사실을 다시 쓸쓸하게 바라보았다. 아이삭성당이 멀지않은 중심지에서 러시아식 점심식사를 마치고 교외로 나가 여름궁전, 일명 분수공원을 찾아갔지만 오고 가는 길에 자동차들이 밀려 분수만 바라보고 왔다. 초행인 분들은 실망이 컸지만 필자는 거기까지 다시 갔다 왔다는 보람이 있었다. 배로 가면서 이틀이라는 시간이 러시아 고도에서는 너무 짧다는 사실을 미처 알지 못하지 않았나 생각하고 있었다. 일주일도 모자라는 시간인데.

오후 6시. 배는 다시 떠나고 이튿날 아침 에스토니아 톨린에 도착. 시계를 한 시간 뒤로 돌려놓았다. 인구 100만의 작은 나라. 여기도 러시아 정교회와 루터란 교회가 공존하고 있어서 서러운 역사를 알게 한다. 피터대제의 여름별장이 있으니 러시아 지배는 18세기 초엽으로 간다. 고도의 시청광장이 15세기 문물을 보게 했고 광장 한 모퉁이에 600년 된 약국이 있는 것도 보았다. 역사가 관광

에스토니아 톨린 시내전경

자원인 것을 알게 된다.

1960년대 인디아나 대학에서 공부했던 적이 있었는데 거기서 에스토니아, 리투아니아에서 온 학생들을 만났었고, 그들이 조국의 독립투사들임을 알았다. 이승만, 안창호, 김구만이 독립투사들로 알고 살았던 필자의 무지를 통감했던 시절이 떠오른다. 그들이 지금 이 나라의 수상이 되어 있으리라 생각하면서 톨린을 떠났다. 에스토니아 사람들이 모여 독립을 기원하는 노래를 불렀다는 노래공원에 가서 사진 한 장 찍고 나왔다.

6월 17일 아침. 배는 폴란드 그단스크 옆의 그단야 항구에 도착. 3,800만 인구의 폴란드도 소련의 지배아래 오래 신음하고 있었던 나라. 70만 인구가 살고 있는 그단스. 2차대전 소련과 독일이 싸우면서 황폐된 도시를 그대로 복구한 도시로 유명하다. 고도의 중심

폴란드 그단스크 중심가

지에 세인트 메리 교회가 15세기 고딕 대형 벽돌 건물로 마차가 다니던 골목길이 인상적이다. 12~14세기 융성했던 한자동맹(Hanseatic League)의 대표적인 도시. 1693년 오스트리아 비엔나가 터키의 침공으로 위태했었을 때 폴란드 존 소비스키 왕이 막아준 역사가 폴란드의 위대했던 역사를 증명하고 있었지만 독일과 소련 사이에서 고통스러운 과거를 지니고 있다.

소련은 폴란드를 독일의 지배로 부터 "해방"시켰다고 주장했다고 관광안내자가 심각하게 말하고 있었다. 사실이다. 그러나 그 해방군이 45년 이상을 공산당의 포로로 만들어놓고 인간의 기본권을 박탈한 사실은 애써 모르고 있었다. 폴란드 만이 아니다. 소련은 조선을 또한 해방시켰으며 자유로부터 감금시켰다. 렉크 바웬사가 이 도시에 살았고 부두노동자의 대표로 일하다 감금되었고, 노벨 평화상을 그의 부인이 받았었다. 그는 이 도시의 상징적 인물이었다가 해방된 조국에서 초대 대통령이 되었다. 그가 살던 아파트도 이 중심가에 있다.

그단스크 중심가를 걷고 좋은 음식점에서 폴란드식 점심식사를 나누고 여흥에 들어갔다. 밴드가 동원되고 다시 음악과 춤이 나왔다. 모두들 흥겨워했다. 춤 재주가 없는 이는 나 하나.

폴란드 사람들은 슬라브족, 그래서 러시아와 인종적으로 가까운 사이. 그러면서도 독일과 한자동맹을 통해 도시경제를 발전시킨 자유무역을 10세기부터 갖은 관계. 발틱이란 말도 폴란드어에서 나온 말. 한자동맹은 나라간 무역이라기보다 도시중심의 무역이긴 했어도 여기 저기 한자동맹의 유적이 보인다.

노르웨이 비글랜드 조각공원

그디이아 항구로 나오면서 소련지배 아래 싸우다 죽은 부두노동자들의 희생을 기념하는 기념비와 이 나라 출신 작가 조셉 콘라드를 기념하는 석상이 서 있는 것을 보았다.

이튿날은 배가 발틱해를 나와 북해로 들어가 오슬로를 향해 항해하기 때문에 교양강좌로 바이킹의 역사와 2008년 미국의 대통령 선거와 오바마 돌풍을 들었다. 밤에는 18층 스카이라운지에서 밤바다를 가르며 가는 배가 만들어내는 흰 파도를 바라보며 노래와 춤이 있었다.

6월 18일 아침. 오슬로 도착. 이 지구위에서 가장 비싼 생활비로 유명한 도시. 북해의 기름(油田)이 이 도시와 나라를 부자로 만들어 놓았다. 바이킹이 세운 나라. 고도를 구경하며 비글랜드 조각공원,

바이킹박물관, 1994년 동계올림픽 활강 스키장을 방문하고 예상치 않게 뭉크 미술관에 가서 그의 그림들을 다수 보고 나왔다. 입센의 '인형의 집'과 남극탐험의 아문젠만 알면 너무 무식한 사람, 노르웨이는 뭉크와 비그랜드의 나라라는 사실도 알기 바란다. 뭉크는 '절규'로 알려져 있는 화가이지만 그 이상의 화가. 해적 바이킹이 세운 나라라고만 간단히 처리할 수 있는 나라가 아니다. 오슬로에는 노벨평화상 심사위원들이 살고 있고, 매년 12월 수상자를 결정하고 시상식이 열린다. 여기서도 시청이 그 역할을 담당하고 있다.

노르웨이 비그랜드 조각공원 모습 19일 새벽. 배는 모항으로 돌아와 우리들은 각각의 귀향을 했다. 친구들은 내년 중국여행을 기약하며 헤어졌다. 필자는 브랏셀을 경유, 집으로 돌아왔다.

여행은 한 편의 시가 되겠지만 친구들을 다시 만나는 기쁨과 함께 새로운 땅과 바다, 사람들, 문물을 접하게 한다. 백문이 불여일견이라는 말을 다시 한번 깨닫고 왔다. 좋았다.

스칸디나비아의 연인들

그들은 서로 얼굴을 대하지 않고
해를 향해
나란히 앉아
귀엣말을 나누고 있었다
햇살을 정면으로
사랑을 측면으로
받으며

적도로 떠난 사은 여행

내가 가르치고 논문을 지도했던 제자들 셋이 졸업 기념으로 싱가폴 여행을 선물로 주었다. 박봉에 시달리는 하급공무원들이 돈을 모아 졸업여행을 계획했고, 나는 그 졸업여행에 참가했다. 3박 5일의 일정이었으나 마지막 밤을 비행기에서 보냈으니 4박 5일의 여행이 되었다.

스승과 제자의 관계는 엄격하면서도 부드러운 관계이다.

낮에는 전문직에서 일하고 저녁에 대학원에 와서 공부하는 학생들을 어떤 교수들은 '주경야독' 한다고 동정적이지만 지나친 동정은 학문세계에서는 금물이다. 대학은 인간의 사랑이 기초하는 사회지만 지식과 정보, 분석력을 키우는 엄격한 수련장이다. 미국의 야간대학원은 주간대학원과 조그만 차이도 없다. 그러나 한국의 야간대학원은 '특수대학원' 이라 불려지고 있으며 주간대학원보다 하대(下待)를 받고 있다. 나는 특수대학원 교수이지만, 내 학생들에게 주간대학원 학생들과 똑같은 기대와 요구를 하고 있다. 연구논문도 써야 하고, 시험도 치러야 하고, 숙제도 해야 한다. 석사학위

논문도 전업학생들의 논문과 비교해 손색이 없어야 한다고 주장한다. 제자들은 내 기대와 요구가 너무 많거나 높다고 말하면서도 그 과정을 모두 마쳤고, 그래서 졸업여행은 즐거웠다.

싱가폴은 20세기 중엽까지 말레이지아의 조그만 어촌이었다. 그러나 지금은 세계의 도시국가가 되어 마천루의 불빛이 화려하다. 하반신이 물고기인 사자가 싱가폴의 상징이다. 다국적기업이 모여 있는 이 도시에는 세계 각국의 인종들도 모여 있다. 열려있는 도시가 보인다. 한국의 도시들도 개방적이어야 살아남을 수 있다. 세계의 기업들이 둥지를 틀어야 그 도시가 세계적인 도시가 된다. 국수주의적 민족주의보다는 개방적 세계인류주의가 21세기의 원동력이 될 것이다. 싱가폴, 홍콩의 활력은 미국처럼 개방된 사회에 기인한다.

개방된 사회는 리콴유라는 싱가폴 국부(國父)의 탁월한 리더십에서 시작했다. 1965년 싱가폴이 말레이지아로부터 독립하면서 그는 30년 이상 총리로서 나라를 세우고 발전시켰다. 영국식 내각책임제 체제에서 장기집권을 했지만 싱가폴의 국익을 위한 정책을 만들고 집행했다. 법은 엄격하고 처벌은 가혹하게 해서 범법자들이 숨쉴 수 없게 만들었다. 그는 한국정치인들과 달리 청렴하게 살았고 지금도 그렇게 살고 있다. 인구 300만인 도시국가에 여행자는 800만이 넘는다. 깨끗한 도시라는 인상을 준다. 담배 피우는 사람이 없을 줄 알았는데, 그렇지 않다. 그러나 씹는 껌(gum)은 아예 찾을 수 없다. 열려있는 사회엔 엄격한 법이 있어야 한다. 휴지조각이 뒹굴지 않는 거리, 쓰레기가 보이지 않는 거리가 인상적이다.

싱가폴에서 배로 50분쯤 가면 나오는 빈탄섬에서 우리들은 어린

아이들처럼 수영하고, 맨몸으로 햇살을 받았다. 겨울의 두터운 내의에 가려진 몸들이 금방 햇살을 받고 빨개진다. 적동색으로 변한 섬사람들은 하루, 이틀 햇살에 그렇게 된 것이 아니라 긴 세월 그렇게 변한 것을 느끼게 한다. 바람과 파도를 타는 연습을 하려했지만, 그날은 파도가 높아서 포기할 수밖에 없었다. 피곤한 몸이 바닷물에 씻겨지면서 몸속의 오장육부까지 깨끗이 씻겨지는 기분은 바닷가에 사는 사람들만이 누릴 수 있는 특권이리라.

싱가폴의 식민지라는 인상을 주는 섬.

그 섬에는 한국말을 구사하는 사람들도 있다. 4월, 5월엔 신혼의 젊은이들이 하루에도 1,600명씩 온다니 한국말을 구사하는 안내원이 있을 만도 하다. 이완이란 한국 이름을 가진 친구가 우리 일행을 도와주었다. 종이팩에 든 진로를 그에게 선물했다. 한 번도 한국에 온 적이 없는 인도네시아 청년의 한국말 구사는 칭찬 받을만 했다.

다시 싱가폴로 나와 센토사섬에 가서 수족관도 둘러보고, 분수대도 둘러보고, 모노레일 위에서 섬의 나무들을 보았는데 언제나 열대에서 느끼는 감정은 아름다운 꽃나무들이 주는 그런 감정이다. 유럽에서는 인간이 만든 문명을 감상하고 적도에서는 꽃나무를 감상하라고 말하고 싶다.

나는 1967~68년 동남아 조약기구 장학생으로 뽑혀 필리핀국립대학에서 공부한 적이 있다. 그 때 본 적도의 나라나 지금 보고 있는 적도의 나라는 한마디로 아름다운 꽃나무들이다. 폴 고갱의 강렬한 색깔과 미술이 적도의 햇볕에 탄 원주민들의 피부와 아름다운 꽃나무 때문이라고 믿는다.

밤에는 삼륜차(인력거)를 타고 번화가를 돌아보고, 배를 타고 싱가폴의 야경을 돌아보았다. 100년이 된 소방서 건물의 보전과 다리들, 건축물이 이 도시를 괜찮은 도시라고 말해 주고 있다.

우리들은 밤기차를 타듯 밤 비행기를 타고 와서 새벽에 영종도에 닿았다. 우리들의 여행 속에는 스승과 제자의 사랑이 세계적인 도시나 아름다운 섬보다 더 빛나 있음을 알고 있다. 내가 5년 후 은퇴한 후에도 2002년 3월 졸업여행은 오래오래 기억될 것이다.

가난했던 내 유년시절, 청년시절엔 밤기차를 타고 서울로 왔었는데 조금은 부유해진 장년시절 밤 비행기를 타고 영종도에 왔다. 지난 세월은 왜 곱게 기억되는 걸까? 다시는 찾을 수 없는, 올 수 없는 세월이기 때문이리라. 우리들의 인생은 끝이 있다. 언제나 사랑할 시간이 많이 남아 있지 않다는 사실을 잊지 않고 살아간다면 우리들의 삶은 그만큼 부유하리라고 믿는다.

앙코르 왓, 캄보디아를 찾아서

제자들의 졸업여행으로 캄보디아의 유적 '앙코르 왓'을 찾았다. 태국 방콕에서 육로로 캄보디아로 들어가는 길은 험했다. 국경도시 아란에서 가난한 사람들의 모습을 보았다. 다리가 잘려나간 사람들이 팔의 힘으로 인력거를 움직이고, 황야의 무법자가 흙먼지를 날리며 달려들 것 같은 국경도시에 카지노 호텔이 있다. Killing Field가 생각난다.

태국 출국, 캄보디아 입국 수속에도 "웃돈"을 주고 넘었다. 태국 버스를 버리고 캄보디아 버스를 타고 유적지인 '시엠'으로 갔다. 가는 길은 포장이 되지 않았다고 표현하면 무리다. 깊이 패인 도로가 가도가도 끝이 없다. 군데군데 포장이 되어 있어도 패인 곳이 많아 버스는 곡예 하듯 갔다.

한국 관광객이 육로로 '시엠' 가는 길에 점심식사를 하는 음식점이 하나 있다. 한국말로 인사를 하고, 김치를 식탁 위에 내놓는다. 원시적 농경사회, 상 · 하수도 시설도 없는 나라에 한국인들이 쉬어갈 수 있다니… 우리들은 망망한 벌판에 3모작, 4모작 벼농사를 하고 수로(水路)를 막고 물고기를 잡는 캄보디아에 근대화의 바람이 불기를 바라고 있었다.

순박한 사람들… 햇볕에 검게 탄 캄보디아인들의 조그만 마을마다 "캄보디아 인민당" 간판이 걸려있다. 정치가 한 사회를 낙후하게 만든다.

캄보디아는 시하누크 왕, 훈센총리의 나라.

폴폿이 교육받은 사람들을 모조리 죽인 죽음의 땅(Killing Field). 내전이 너무 오래 계속된 여름의 땅에서 우리 일행은 미래의 많은 가능성을 논하고 있었다.

점심 후 한 시간쯤 울퉁불퉁한 시골길을 달리다 버스는 섰다. 앞 타이어 하나가 파열되었다. 당연했다. 다행히 그곳은 사람들이 모여 사는 면 소재지여서 타이어를 새로 끼어 넣는 시간에 우리들은 결혼식도 보고, 길가의 가게에서 바나나도 사 먹었다. 가게 아주머니도 그녀의 어린 아들도 한국말을 쓰고 있었다. 어린 아들이 형, 아저씨, 할아버지, 누나, 아주머니, 할머니를 어떻게 분별해서 쓸 수 있는가를 묻고 있었다. 어린 아이의 눈에 나는 아저씨일까, 할아버지일까? 영리한 아이가 한국 관광객을 위해 봉사하고 있다. 왜 어린 아이가 학교에 안가고, 가게에 와 있느냐고 물으니 방학이라고 어머니가 답한다.

전기가 들어오지 않는 나라의 시골에도 학교 건물들이 서 있고,

운동장이 있다.

마침내 '시엠' 이라는 도시에 들어섰다. 캄보디아를 찾아오는 관광객은 이 도시를 찾아온다.

호텔에 여장을 푼 후 톤레삽 호수로 갔다. 캄보디아에서 다섯 번째로 큰 도시에는 신호등이 3개뿐. 사람들, 자동차, 자전거, 오토바이, 개, 소가 함께 거리를 메우고 있다.

캄보디아에는 우리나라 경상도만한 호수가 있다. 호수에서 수도인 프놈펜까지 뱃길로 6시간… 호수가 강으로 변한다. 수상촌(水上村). 그곳은 가난한, 지극히 가난한 사람들의 마을이다.

우리가 호수에 닿았을 때에는 저녁 어둠이 우리들을 감싸고, 우리를 태운 배가 호수 안으로 나갔을 때 하늘엔 반달이 떴고, 별이 하나, 둘 떴다. 어린 아이들도, 할머니도 보트를 몰고 다닌다. 어둠 속에서도 노를 저어가는 사람들. 수상촌에도 가톨릭교회가 있었고, 텔레비전 스크린이 보인다. 어둠 속에서 수상촌 사람들은 텔레비전을 켤 수 있으니 다행이다. 전기가 없는 나라에도 배터리 충전은 있다. 망망한 호수 위에 사는 사람들 집 근처에 나무들이 서 있다. 건기인 12월에서 2월까지 물이 빠지면 나무들은 땅위에 서 있다가 우기에는 물 위에 서있는 나무들. 물 위의 사람들은 건기가 오면 집을 호수 중심 쪽으로 이동한단다.

하수구의 역할을 하고, 목욕탕의 역할도 하고, 물고기를 낚기도 하는 어장의 역할도 하는 호수.

수량이 많아 인간의 쓰레기를 다 받아주는 호수가 그들에게 얼마나 고마운가?

습지대가 호수가 되는 건기와 우기가 있는 나라.

배는 고프지 않아도 문명이 없는 이 나라에 1000년 전 앙코르 제국이 있었고, 그 문화유적으로 거대한 석조 사원들이 이 도시에 서 있다. 그것이 '앙코르 왓(Angkor Wat)'. '왓'은 사원이다. 앙코르의 사원을 통해 우리들은 캄보디아가 한때 동남아의 종주국이었음을 알게 된다. 석조사원에 조각된 조각들을 통해 1000년 전의 삶, 전쟁, 종교를 보게 된다.

밀림 속에, 습지대에 거대한 석조사원이 1000년 전 어떻게 건축되었을까? 50Km 떨어진 돌산으로부터 코끼리가 운반한 돌이라고 말한다. 50Km 떨어진 돌산이 지금도 남아있는가 확인할 수 없다. 대규모 사원 건축을 통해 돌산 서너 개는 없어졌을 것이다.

'시엠(Siem Reap)'은 "태국을 저지한다", "태국을 파괴한다"라는 뜻을 담고 있으니 사원들이 태국과의 전쟁, 경쟁의 지점이 아니었는가 필자는 상상하고 있었다. 결국 캄보디아 앙코르 제국은 태국에 의해 15세기 파멸의 길로 들어섰고, 지금도 승리의 길로 걸어 나오지 못하고 있다.

'앙코르 왓'. 멀리 사원의 한 면과 탑이 보일 때 보는 이들은 숙연해진다. 31년 만에 건축된 '앙코르 왓'의 벽화는 힌두교와 불교의 경전을 조각하고 있고, 중앙의 탑과 정사각형의 동서남북 탑을 어찌 세웠는가 아직도 모른다. 그래서 '앙코르 왓'은 세계 7대 불가사의의 하나가 되고 있다. 사원에 들어서기 위하여 긴 석조다리를 건너고 다리 양쪽으로 호수가 조성되어 있다. 석조다리의 일부를 복원하고 있었다. 다리 위에는 7개의 코브라의 모습이 조각되어 있다. 사악한 것을 저지하는 코브라의 힘. 여기 저기 코브라의 몸둥아리가 파손되어 있다. 캄보디아의 기(氣)를 꺾기 위한 태국의 의도적인 파괴였다고 여행안내자는 말하고 있었다. 벽면에는 원숭이들이 선의 상징으로 조각되어 있고, 선과 악의 전쟁이 조각되어 있고, 저승에서의 심판이 있고, 천국과 지옥, 연옥이 들어있다.

베르사이유 궁전 규모 이상의 '앙코르 왓'은 기하학적인 대칭 건축물인데 중앙에 가파른 천국에 오르는 층계가 있고, 왕이 목욕하고 불공을 드리도록 정상이 구성되어 있다. 중앙의 탑에도 부처의 얼굴이 조각되어 있지만 거대한 돌을 어떻게 그 위에 올려놓았는지, 아무리 코끼리가 무수히 동원되었다 해도 80도 각도의 층계를 어찌 오르내리며 탑을 쌓았는지 모르겠다. 현대인들을 미궁에 빠트린다.

근처에 앙코르 톰 사원이 있고, 그 옆에 바욘 사원이 있고, 코끼리들이 조각된 유적이 보이고, 기기묘묘한 나무들이 석조사원을 감싸고 있는 타프롬 사원들이 있다. 앙코르 톰에 들어서면 108개 신의 얼굴이 새겨진 다리가 있다. 우리가 알고 있는 108번뇌는 어디서 왔는가? 다리 양쪽으로 호수가 있는 것도 '앙코르 왓'과 같다. 사원의 성으로서의 역할이 상상되는데, 다리 한쪽에는 선을 상징하는 신, 다른 한쪽에는 악을 상징하는 신의 얼굴이 조각되어 있다. 성문 위에는 다시 부처의 얼굴이 동서남북으로 조각되어 있다. 거대한 석상이다. 사원마다 중앙에 탑이 있고, 중앙 탑을 둘러싼 동서 남북 탑에 부처의 얼굴이 조각되어 있다. 그 가운데 하나가 웃는 얼굴이다. 그것을 "앙코르 제국의 미소"라 명명하고 있었다.

전쟁에서 죽은자들을 화장하고 그들의 영혼들이 천국에 이르도록 기도한 종교의식을 벽면의 조각에서도 읽을 수 있다. 무너져 내린 사원의 돌을 다시 모아 복원하고 있는데 유네스코 세계문화유산이어서 프랑스, 독일, 일본이 참여하고 있다. 앞으로 일본이 '앙코르 왓' 사원의 관리인이 된다.

'앙코르 왓' 을 완전히 복원하기는 어려울 것이다. 그러나 지금의 모습을 그대로 유지, 관리할 수 있다면 다행일 것이다.

연 60만 명의 외국 관광객이 찾아오는 '앙코르 왓' 으로 가는 길이라도 포장이 되기를 바라고, 캄보디아 아이들이 밤에도 책을 읽을 수 있도록 전기가 들어갈 수록 할 수 있다면 필자는 일본이든, 프랑스든, 독일이든 상관치 않을 것이다.

인류 공동의 문화유산이라면 관광객들의 입장료 20달러, 모두가 일단 복원사업에 쓰이고, 그 다음 캄보디아의 도로, 전기 사업에 쓰이기를 바란다. '시엠' 에는 호텔들이 들어서고 있다. 태국이 건설자재공급부터 일상생활용품까지 캄보디아로부터 돈을 크게 벌고 있는데 도로포장도 안하고 있다. 시하누크 왕이나 훈센 총리도 캄보디아의 내일을 위해 새로운 길을 찾아가기 바란다. 1000년 전의 영광을 찾아서.

서안을 지나며

중국 초기 13왕조의 도읍지. 진시황의 진나라 도읍도, 당나라의 도읍도 지금의 서안이다. 함안이나 장안이나 서울과 강남의 차이. 서안은 고도를 포함하고 있다. 예를 들면 서안시 장안로 50번지. 이렇게 주소가 적혀있다. 서안은 중국의 서쪽 변경에 해당된다. 비단길의 시작이 바로 서안이다, 서역으로 가는 입구가 된다. 왜 이 도시가 중국의 고도로 오래 지탱될 수 있었을까. 이번 여행에서 그 답을 얻었다. 삼면이 산맥과 사막으로 한 면이 평원이고 황하의 발원지이니 제법 큰 농토가 거기 있었다. 천연 요새인 셈이다. 20세기 초엽 중국 공산당이 상해에서 시작, 연안으로 도망나왔는데 연안도 바로 서안과 같은 주에 있다. 서쪽 변경의 도시.

서안 출신 중국친구는 "가봐야 실망할거야. 중국의 고도는 사라지고 현대식 도시만 있을 뿐, 넌 실망할거야." 그렇게 분명 말했다. 그러나 나는 실망하지 않았다. 현대의 도시 속에서도 진시황의 무덤과 병마용 갱을 보았고 양귀비의 목욕탕을 보고 왔으니. 진시황이나 양귀비는 중국이란 나라가 지구 상에 존재하는 한 남아있을 이름 아닌가. 영웅과 여자의 아름다움은 비등한 것인가 몰라. 고도의 성벽은 현대인이 다시 만든 것이다.

진시황은 그의 출생부터 소설적이지만 중국을 처음 하나의 나라로 만든 영웅이다. 진(Chin)이 후일 차이나(China)로 둔갑하게 했으니 그는 중국의 어버이다. 고려가 코리아(Korea)가 되었듯. 고려는 고구려에서 나왔으니 한국인들은 진시황의 업적을 그렇게 높이 보아야 할 것이다.

군웅할거의 중국을 하나로 만든다는 것은 지난 2000년 역사 속에 어려운 과제였다. 모택동의 공적도 중국을 하나의 중국으로 통일한 업적 아니겠는가. 진시황처럼 모택동도 독재자. 영웅은 시대를 달리해도 공통적인 면모를 갖고 있다.

진시황은 무력으로 중국을 통일하고 통일된 중국의 법, 도량형, 화폐, 문자를 만든다. 쉽지않은 혁명적 과제다. 그러나 그는 그 일을 이미 기원전 200년에 해낸다. 영웅이 아니고 할 수 없다.

진시황은 40대에 죽고 그의 아들 대에서 진나라는 망하고 유방이 한나라를 세운다. 한나라가 나오면서 과학, 기술, 유교 문화가 정착, 발전하며 한반도에서 한나라의 낙랑이 출현한다. 그 다음 수나라, 당나라가 등장한다. 한국인들은 고구려와 대치했던 수나라, 당나라를 기억하지만 진나라까지 올라가는 역사는 갖고있지 않다. 고조선으로 한국역사의 기원을 찾는이도 있지만. 진시황이 불노초를 구하러 사람들을 한반도, 일본까지 보냈다는 고사는 있지만 그 외에 상관된 역사는 없다. 그래서 진이라는 나라는 한국인에게 너무 멀리 있다.

기원전 200년 진시황이 황제가 되면서 만들기 시작한 그의 무덤과 그를 사후에도 지키기 위한 군사들을 흙으로 구워 만들어 놓은 것은 2000년을 뛰어넘는 예술품이다. 병사들 하나 하나가 다르다. 실물모습으로 만들어내놓은 조각가들이 눈부시다. 보병, 기갑, 포병의 진열이나 사령부 안의 모습이 아직 그대로 살아 있다. 그가 타고 다녔던 수레가 그대로 거기 있다. 현대인도 꿈꾸기 어려운 꿈을 진시황은 꾸고 있었다. 그래서 그는 위인이다. 그가 바라본 다음 세상은 내게 신비롭다.

그가 사라진 후 800년 서안엔 당나라의 전성시대가 등장한다. 역사는 강물처럼 흘러가면서 영웅, 호걸을 만들어내고 경국지색의 미녀도 만들어 이 세상을 왁자지껄하게 만들고 살만한 가치를 창조한다. 이백은 양귀비를 "활짝 핀 모란"에 비유했고 꽃들도 양귀비 앞에서는 부끄러워 했다는 고사도 있다. 현종이 한 눈에 반해버린 여자, 그 여자 때문에 황제는 정사를 소홀히 하고, 그래서 당나라가 쇠잔의 길을 가게되고 결국 당이 망하게 되었다는 이야기.

그러나 현종이나 당나라가 "국리민복"을 위한 민주주의 체제가 아닐진데 나라의 국운을 한 여자의 아름다움에 빠지게 한 현종에게 다 전가함은 옳지 않다. 양귀비가 아니었어도 당이 망할 소재는 얼마던지 있다.

나는 양귀비에 동정적이다. 아름다움이 죄가 된다고 생각하지 않는다. 비난은 오히려 현종이 받아야 할 몫이 아니겠는가. 며느리를 빼앗은 아버지 황제를 비난하기보다 양귀비의 미색과 총명함, 거기에 빠져든 황제의 사랑이 그만큼 애틋하기에 당나라 시인 백거이는 120행 서사시 "장한가"를 남기지 않았겠는가.

양귀비가 목욕했다는 온천장에 가 보았다. 황제의 휴양지. 화청지엔 양귀비의 조각이 세워져 있고, 벽면에 현종과 양귀비의 애틋한 사랑 이야기가 그림으로 그려져 있었다. 그러나 그 어느 것보다 백거이의 "장한가"에 미치지 못하고 있었다. 안산의 난에 피난길에 오르던 황제와 근위대가 양귀비를 자살이던 타살이던 죽게 한다. 늙은 황제는 살아서 다시 장안에 돌아오지만 양귀비에 대한 그리움으로 살다가 세상을 떠난다. 백거이의 "장한가" 한 대목을 여기 소개 한다.

"저녁이면 날아드는 반딧불에 그리움은 더해지고
외로운 등잔불은 돋우느라 잠 못 이루네.
서서히 울리는 종소리에 밤은 깊어져
반짝이는 은하수에 동이 트려 한다.

싸늘한 원앙기와 서리꽃 피어나니
차가운 비취이불 뉘와 함께 아득히 사별하여 같이 할까
해가 다시 지나가도
영혼은 꿈 속으로 찾아오지 아니하나"

"장한가"의 끝은 백거이 시의 백미다.

"하늘을 나는 새가 되면 비익조가 되고
땅에 나무로 나면 연리지가 되자고
천지 영원하다 해도 다할 때가 있지만
이 슬픈 사랑의 한 끊일때가 없으리"

현종과 양귀비의 사랑을 당대 최고의 시인이 이렇게 적어 놓았다면 양귀비는 중국문학의 금자탑을 이루고 있음이라 지하에서도 행복하게 살아있을 것 같다.

저녁에는 모처럼 당나라 시대 황제가 즐겼다는 오페라를 관람했다. 황제가 관객이 아니라 가수로 노래하는 오페라를 졸면서 즐겼다. 중세 유럽 귀족들이 오페라의 고객이었는데 당대 오페라는 유럽보다 몇 세기 앞서 출현했으니 당의 문화 예술이 세계사적인 것이리라.

서안은 중국현대사에도 중요한 정치적인 사건현장이었다. 장개석 휘하의 장학량이 일본의 침략 앞에서 국민당과 공산당이 합작해야 한다고 생각해 장개석을 서안으로 유도해 국공합작에 서명하지 않으면 죽이겠다고 협박한다. 장개석은 결국 국공합작에 동의하고 결국 공산당의 승리를 갖어온 계기를 마련해주었다. 서안은 고대부터 현대에 이르기까지 역사의 중요한 현장이었음을 다시 한번 확인할 수 있었다. 역사서에서, 고전에서 읽고, 중국정치사에서 읽었던 현장을 직접 가볼난하다. 책갈피에서 현장으로 나온 애벌레 한마리를 나는 보고 장가계로 떠났다.

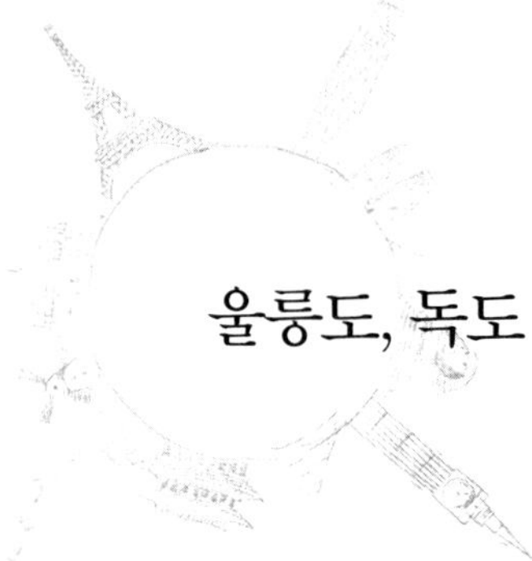

울릉도, 독도

한국에서 가장 가기 어려운 섬이 독도이고 그 다음 가기 어려운 섬이 울릉도. 나는 마침내 울릉도를 거쳐 독도에 닿았다. 울릉도에 가서도 풍랑이 심하면 가고 싶어도 갈 수 없는 섬이 독도. 지난해 가을에 일주일을 기다렸으나 바다가 허락하지 않아 포기했었는데 2009년 4월의 봄바다는 내게 행운을 주었다. 봄바다가 평온하다 하지만 4월 바다도 늘 순탄한 항해를 보장하지 않는다. 그것이 바다의 속성이 아니겠는가. 독도에 배가 닿고, 착륙이 가능한 날은 1년에 2개월 정도라니 독도에 발을 디디고 왔다는 사실이 행운이 아니겠는가.

울릉도가 512년 신라 이사부 장군 정벌로 신라의 섬이 되면서 울릉도 주변의 유인도, 무인도가 모두 울릉도의 부속 섬이 되었고, 마땅이 독도도 울릉도의 섬이 되었건만 일본은 독도가 일본 섬이라고 우긴다. 그것도 1905년부터. 일본은 한국이 주장하는 독도는 울릉도 바로 옆에 있는 죽도라고 우기고 있다. 이조시대 나온 지도에 독도가 강원도와 울릉도 사이에 큰 섬으로 그려진 것도 트집을 잡고 있다. 독도의 다른 이름, 물릉도, 삼봉도, 가지도, 돌섬에 대해서 모른체 하고 있다.

조선시대 항해기술이 발전하지 못했을 때 독도가 울릉도에서 가까운 거리에 있는 섬으로, 눈에 보이는 거리에 있다고 표현한 것을 일본은 트집 잡고 있다. 그래 가까운 거리는 아니다. 그 거리가 82킬로미터이지만 맑게 개인날 울릉도 성인봉에서 독도가 보이는 사실을 일본은 애써 모른체 하고 있다. 일본 학자가 눈에 보인다는 섬은 독도일 수 없다고 주장하는 글도 썼다. 조선시대 지리학이나 항해술이 발전했다면 지도위에 씨줄, 날줄 그려넣고 여기 독도가 있고, 그 섬이 우리 땅이라고 적어 넣었으리라. 그렇게 했다면 물론 일본도 할말이 없을 것이다. 불행하게도 우리 선조들이 "거기 어디 있는 섬"이 우리 섬, 독도하고 주장한 것이 화근이다. 그러나 자기 섬을 굳이 자기 섬이라고 주장하는 사람이 없듯 그런 나라도 없다. 그래서 우리 선조를 나무랄 이유도 없다.

이조실록이나 조선시대 지도 제작자들이 울릉도와 독도를 답사하고 나서 그린 면밀한 기록이나 세세한 지도가 아니다. 아마 기록사가들이나 지도 제작자들이 강원도, 경상도, 전라도 어부들의 구술을 기록하거나 반영했을 가능성이 높다.

더욱이 조선 500년 역사기간에 300년을 도둑들의 소굴이 된다고 울릉도를 비어둔 것이 후회스럽다. 그 긴 비어있는 섬에 일본 해적들은 들어와 새로운 섬을 발견했다고 주장하고, 그 섬에 우람한 처녀림의 전나무, 소나무를 싹쓸이 해갔으니 원통할 뿐이다. 어찌하여 조선은 울릉도를 300년 이상 빈 섬으로 둘 수 있었을까. 자기 국토를 비워놓았다고 도둑이 들어와 내 집이라고 주장할만큼 오랜 세월이 아닌가. 그 때 울릉도를 지킨 것이 다행이다. 지금도 일본은 울릉도를 자기 섬이라고 말하지 않는다.

부산 동래출신 어부 안정복이 도꾸가와 막부를 찾아가서 울릉도는 당신들이 발견한 섬이 아니고 조선이 지금 빈 섬으로 유지하고 있을 뿐이라고 설명하고 일본 해적질을 중단 시킨 업적은 참으로 크다. 그가 조선 정부의 사신도 하기 어려운 일을 했으니 용기있는 훌륭한 어부가 아닌가. 조선의 민초들 역활은 참으로 크다. 조선 조정의 대신보다 훌륭한 업적을 남긴 안정복을 어찌 치하할 수 있을까.

도꾸가와 정부는 울릉도와 독도의 거리와 일본 오끼 섬과 독도의 거리를 재고나서 독도는 울릉도의 섬이고 조선의 섬이라고 판단한다. 그 후의 메이지 정부나 오늘의 일본 정부보다 양심적인 일본이 16세기, 17세기에 있었다. 일본의 양심은 시대가 변하면서 오히려 병들어가고 있다. 동북아 평화체제라는 이름으로 전쟁과 식민지 개척으로 19세 후반, 20세기 초엽을 보내고나서 아직도 역사의 죄인임을 자각하지 못하고 있으니 한심하다.

필자는 개미들의 본성을 일본인들에게 들려주고 싶다. 개미들이 부엌의 꿀을 찾아, 사과껍질을 찾아 들어오는 것을 보고 미물의 본능 속에도 놀랄만한 지성이 있다고 보았다. 하물며 어부가, 아무리 미개한 나라의 어부라도 80킬로미터 밖의 어장을 찾지못하겠는가. 인간의 모독이다. 일본인들은 개미의 본능적 지성을 모르고 있다. 만물의 영장이라는 사람들이 80킬로미터 항해를 할 수 없었단 말인가. 5세기, 6세기에도 우산국이라는 나라를 세운 사람들은 이미 풍력을 이용한 돛배를 만들어 바다에 나가 물고기를 수확했다고 생각한다. 개미들보다 못한 인간이 있다고 보는가. 독도 아래는 천혜의 어장이 있는 줄 이미 5세기 우산국 어부들도 알고 있었다고 본다. 그들이 한반도에서 이미 바다를 건너 울릉도에 도달했다고 본다면 울릉도에서 독도까지는 가벼운 항해가 아니었겠는가.

일본인들의 주장에는 인간에 대한 모멸감이 있다. 그것이 가장 불쾌하다. 일본 어부들은 개미보다 못한 지성을 갖지 못했단 말인가.

울릉도는 전나무, 호박, 오징어, 청정해역으로 유명하며 도둑이 없는 섬으로 유명하다. 5각형의 섬을 바다에서 바라보며 그리고 해안의 도로로 자동차를 타고 분화구까지 돌아보고, 그 분화구에서 산채 나물로 준비된 비빔밥과 호박 막걸리를 마시는 관광 코스를 누구에게든 추천하고 싶다. 울릉도 정상에 있는 분화구는 유일한 섬의 평원이다. 그렇게 아늑할 수가 없다. 그 곳에 올라가면 평온을 느낄수 있다. 그리고 삼성문화재단이 만들어 울릉도에 기증한 독도 박물관에 들려 고지도에 나타난 독도와 섬의 역사를 보고 오라고 추천하고 싶다.

묵호에서 울릉도까지 청명한 날 항해는 2시간 반. 울릉도에서 독도까지 청명한 날 항해는 1시간 반. 필자는 그 행운을 누렸다. 1년에 60일 가량 독도 착륙이 가능하다고 하는데 우리 일행은 예정대로 독도에 내려 독도수비대장과 대원들의 영접을 받고 유일한 독도 거주자 김씨 내외를 만나고 삽살개를 만날 수 있었으니 행운아가 되었다. 1년 전에 계획한 여행이 성공적이었으니 모두 행운아가 된 기분이었다.

그 무엇보다도 독도가 멀리 보였을 때 세개의 봉우리를 보았으니 우리 선조들이 이 섬을 삼봉도라 부른 이유를 알 수 있었다, 그리고 우리들의 가슴이 뛰는 소리를 듣고 있었다. 바다 물개는 누가 다 죽였는지 가지도란 이름의 흔적은 찾을 수 없었다. 그것이 유감이었다. 독섬은 전라도 사람들의 돌섬이란 말이다.

독도에 다가가면서 바다 위에서 멀리 바라본 독도는 삼봉도였으며 돌섬이었다. 그래서 독도의 역사적 다른 이름들이 바로 우리가 지금 알고 있는 독도의 다른 이름임을 내 눈으로 확인할 수 있었다. 그것이 나의 가장 큰 수확이었다.

울릉도, 독도를 다녀와서 나는 이제 그 섬에 미안하지 않게 되었다. 그 섬에 빚을 어느 정도 갚은 기분이다. 그래서 돌아오는 뱃길은 더 상쾌했다.

해인사 海印寺

1963년 2군사령부에서 일하던 육군 소위시절 나는 낭만주의자가 되어 주말 여행을 다녔었는데 한번은 해인사를 찾아나섰다. 대구에서 시외버스를 타고 해인사에 도착해서 절 입구 여관에 하룻밤을 묵었는데 내가 유일한 손님이었던 기억과 장작불로 내 온돌방이 따뜻했었던 기억이 희미하다. 분명히 절을 다녀왔을텐데 아무 것도 남아있지 않다. 다만 해인이란 말이 어떻게 이 절에 부처졌을까에 대한 해답을 얻지 못한체 하산했던 쓸쓸한 추억이 하나 남아있다.

여관주인은 다만 내가 실연이라도 해서 겨울산사를 찾아오지 않았나, 자살이라도 하지 않을까, 전전긍긍하고 있어서 그런 걱정을 하지 말라고, 진로를 몇 병 깠던 기억이 새롭다. 아마 그날 절을 다녀온 기억은 진로로 말미암아 지워졌던 것 아닌가 몰라.

그 해인사를 2008년 9월 초 다녀왔다. 지난 봄 제자가 합천 소방서장이 되었다고, 한 번 다녀가라는 전갈을 받고 반가웠었고, 다시 해인사를 찾아 해인의 뜻을 찾으리라 마음 먹었다. 제자는 며칠 전 서울로 발령이 나서 떠났지만 나는 이미 해인사행을 굳히고 있었다. 독도 여행이 풍랑으로 여의치 않아 해인사 여행이 가능하게 되었다.

서울에서 대구까지 기차로, 대구에서 해인사까지는 시외버스로 갔다. 1시간 30분 거리. 고령에 잠깐 들렀다 갔다. 시골길은 모두 포장되어 있고 먼지 나던 시골길은 없었다. 종점이 해인사. 버스에서 내려서 관광호텔 표지판을 보고 그리로 가다가 그냥 깨끗한 여관에 이틀밤을 묵기로 했다. 오후 2시. 여관주인은 절을 보고나면 공양시간이니 어서 절에 가라고 했다. 절까지 가는 소형 버스가 나를 일주문 근처에 내려놓는다.

일주문은 절의 입구, 대문이란 뜻, 그 다음 사천왕문(해인사는 이 문을 봉황문이라고 한다), 불이문(해인사는 해탈문이라고 한다)을 지나면 법당이 나온다. 대웅전은 석가모니 부처님을 모신 가장 중요한 법당이다. 해인사는 화엄의 대사찰이라 대웅전이라 하지 않고 대적광전(大寂光殿)이라 말한다. 그 안에 화엄경의 주불인 비로자나 부처님이 모셔져 있다. 그러나 작은 법당들이 많다, 큰 절일수록. 돌계단 옆으로 1000년 느티나무, 오동나무가 우람하게 서 있다. 108개의 돌계단이 우연인지, 필연인지 놓여있다. 불교에서는 108번뇌를 중요하게 센다. 일주문부터 대장경판전까지 108개의 돌 층계. 해인사는 또한 스님들이 다니는 대학이어서 그 법당을 해인총림이라고 부른다.

신라 40대 애장왕때 순응과 이정이 당나라에서 수학하고 돌아와 세운 초당이 한국의 3대 사찰로 성장했다. 양산 통도사와 순천 송광사가 다른 큰 절이다.

해인사엔 통일신라시대 3층 석탑과 석등이 유명한데, 그것보다는 고려팔만대장경이 더 유명하다. 유네스코 세계문화유산으로 등록되어 절 전체가 세계적 사찰로 각인되고 있다.

해인사라는 이름은 화엄경에 나오는 해인삼매에서 나왔는데 폭풍우 지난 바다에 삼라만상이 다 평화스럽게 반영된 모습을 보여준다는 뜻이다. 그 뜻을 알게되니 득도한 기분이다. 대적광전이란 말도 정적, 평화를 뜻하는 말이니 화엄은 지극한 평화가 깃든 마음이 아니겠는가.

대적광전 뒤에 다시 돌 층계를 밟고 오르면 팔만대장경이 보관된 장경판전과 법보전이 있다. 직사각형의 2개 건물이 대칭을 이루고 있다. 검은 기와 지붕과 하얀 벽면, 그리고 두줄로 난 크고 작은 창이 기하학적이다. 바람이 통하고 습도가 나가도록, 그래서 부처님 말씀과 고승, 선사가 해설한 말씀들이 새겨진 목각이 늘 "까실까실"하게 보관, 유지된 700년의 비밀이 바로 이 건축양식에 있다. 경이롭다. 그동안 일곱번 큰 불이 났고 큰 전쟁이 몇차례 국토를 초토화했지만 이 팔만대장경은 안전하게 보관되었으니 온 겨레의 불심이 얼마나 지극한 것인가. 정말 놀라운 사실이다. 목판에 이끼 하나 끼지 않고 그대로 보관되었으니 감탄할 만하다. 아주 단순한 건물이지만 아주 과학적인 설계가 눈부시다. 바닥엔 소금, 숯, 진흙이 적절이 들어있어서 습도를 제거할 수 있도록 했다. 건물 밖으로 도랑을 만들어 빗물이 건물 지하로 스미지 않도록 최선을 다한 설계다. 고려시대 장인들의 솜씨가 현대과학인들이 놀랄 정도다. 하긴 신라 에밀레 종을 달수 있는 철봉을 포항제철에서 만들었는데 종을 달았을때 바로 휘어서 쓸수 없었다는 말을 들었으니 1000년 전 우리 선조의 지혜가 비상한 것이었으리라.

스님과 잠깐 이 팔만대장경이 강화도에서 해인사로 옮겨졌는가, 아니면 여기서 만들어졌는가, 논의했으나 그도 정확하게 답하지 않았다. 운반도 큰 문제였을테니.

가야산의 우람한 나무들, 결고운 산벗나무, 물푸레나무, 층층나무, 자작나무 15,000그루가 베어져 바닷물에 적셨다가 햇빛에 말려져 5, 6년을 지나 목각이 시작되어 끝난 공정이 15, 16년을 헤아리니 그 정성은 하늘이 감동했을 것이다. 거기다 좀이 먹지 않도록 검은 옻칠을 해서 다시 햇빛에 말려서 보관되었으니 1000년을 지탱할 수 있으리라. 고려백성 300만이 거의 다 한마음으로 공들인 사업이 아니었을까.

더 놀라운 사실은 목각의 글씨체가 한 사람 서예처럼 보이는 사실이다. 목각 하나 하나가 서예작품으로 인정 받고 있어서 고려 팔만대장경은 더 세계적 문화유산이 되었다. 다른 불교국가에도 비슷한 대장경이 있지만 고려대장경이 으뜸이라고 말한다.

박정희 대통령은 화재위험을 피하기 위해 현대식 건물을 짓고 대장경을 옮길 계획을 세웠으나 목각에 이끼가 끼어 바로 취소했다는 일화가 씁쓸하다. 지금 해인사는 팔만대장경을 한글로 번역하는 사업과 동판으로 만드는 사업을 추진하고 있다. 목각의 생명을 가능한 연장해야 하겠지만 동판을 불에 타지 않도록 만들어야 할 것이다. 두개의 사업이 성공하기 바란다.

내려오는 길에 대적광전 앞 3층 석탑이 서있는 마당에 해인도가 그려져 있음을 유심히 본다. 해인의 지도. 그 길을 따라 대장경판을 하나씩 머리에 이고 걸으면 평화가 온다는 뜻을 담고 있다. 7월 7석에 연인들이 해인도를 걸으면 사랑도 이루어진다는 전설이 있다. 신라시대의 탑돌이가 여기서 해인도가 된 듯하다. 지금은 불자들이 7월 7석 모형 경판을 머리에 이고 해인도를 따라 걷는다.

6시. 공양시간에 절밥을 먹고 내려왔다. 공양시간에 침묵이 금이다. 정적이 아름다움이 된다, 화엄에서는. 오랫만에 절밥을 먹으니 좋다. 60년대는 없었던 것 같다. 나라의 경제가 절에 오는 분들에게 공양을 제공하게 하였다. 시주의 여유도 따라왔겠지요. 어두움이 가득한 초저녁 산 공기가 차다.

이튿날 아침, 다시 해인사로 와 대장경판전에서 산세를 바라보고, 바라보이는 산이 남산 제1봉임을 알게 되었고, 그 산을 매화산이라고도 부른다. 1,500미터. 그 봉우리에 매년 해인사에 화기를 없에 주도록 소금을 땅 속 깊이에 묻는다고 말하는 것을 듣고 불교의식에 우리나라 전통사상도 들어있음을 알았다. 화재도 그만큼 해인사의 중요한 과제임을 알겠다.

절을 내려와 부도를 지나 오른쪽 언덕으로 오르니 백련암 표시판이 나온다. 600미터 산행이 시작되었다. 성철스님이 열반하신 암자로 유명하지만 올라가는 산길이 호젓하고 신라의 산속을 걸어들어가는 기분이다. 백련암은 담장너머로 보이는 모습이 아름다움이었다. 암자가 있고 그 뒤로 울창한 숲과 바위들이 어우러져 선경에 온 듯하다. 돌계단에서 숨을 고르고 암자 마당에 이르니 수도꼭지가 보인다. 산속의 자하수를 마시고 세수를 하니 세상이 신선하게 다가왔다. 한국의 산 속에 푸르른 아름다움이 뽐내고 있었다. 수도하는 스님이 살고 계신듯 빨래가 걸려있다. 해우소가 있고 그 전체가 시 한 편이 될 것 같다.

성보박물관에 들리니 대장경판의 모형이 있어 첫 목각을 노트에 옮겼다. 한자가 해독이 가능하니 다행. 거기서 해인사의 시작을 적은 최치원의 계원필경(桂苑筆耕)을 보았으니 나는 행복한 아이가 되었다. 당에서 돌아온 두 스님의 초당도 최치원의 글에서 고증이 된 것. 하동 쌍계사에 가면 최치원의 글씨가 담긴 비석이 서 있고, 여기 해인사엔 그가 쓴 역사가 있으니 한국의 산하에 역사가 살아 있다. 진성여왕의 사랑이야기도 해인사와 무관하지 않다. 여왕은 최치원을 중용했고, 최치원의 개혁정치는 성공하지 못했지만 최치원의 문장과 글씨는 오래 남을 것이다. 해인사에서 운명한 최치원의 혼이 가야산을 푸르게 하고 있다. 부산 해운대에서, 지리산 자락까지 최치원은 숨쉬고 있는 듯하다.

이튿날 새벽 매화산에 올랐다. 산 전체가 정적이었다. 대적광전이 가야산 전체의 가르침이었다.

버스 정류장으로 나와 대구행 버스를 탓다. 육군 소위가 되어.

남해 여행

성웅 이순신의 탄신일에 맞추어 통영으로 갔다. 화창한 봄날 남도에 닿으니 초여름날이 되었다. 진주까지는 고속도로가 되어 있고, 진주-통영 구간은 고속도로 건설이 진행되고 있었다.

진주 촉석루에 올라 임진왜란 때 진주대첩의 김시민 장군의 동상이 서 있는 공원으로 갔다. 그 공원의 남쪽 강가에 촉석루가 있고, 그 아래 논개가 적장을 안고 빠져 죽었다는 의암이 있다. 그 사당에 들렀다. 사친, 고성, 통영으로 가는 시골길에서 성웅 이순신의 발자취를 찾고 있었다.

바닷가 콘도에 여장을 풀고 옆의 섬인 한산섬으로 갔다. 뱃길 시간은 30분. 한산섬은 한산대첩으로 유명하다. 이순신이 임진왜란 중 해군사령부를 한산섬에 두었기 때문에 이 섬은 더 유명하다. 아기자기한 섬이어서 해군사령부 위치였다는 것에 조금은 의아해진다. 지장으로 알려진 이순신이 사령부를 조용한 섬에 숨겨 둔 기분이다. 한산섬은 "한산섬 달 밝은 밤에 수루에 혼자 앉아 큰 칼 옆에 차고 깊은 시름 속에 있는데 어디서 일성호가는 남의 애를 끊나니" 하는 성웅의 모습으로 유명하다.

한국인이면 누구나 이순신 제독에게 흠모의 정을 느낀다. 임진왜란 7년 전쟁에 조선의 품위를 유지하게 한 분은 신의주로 도망다닌 왕이 아니라 남해를 지킨 이순신 제독이다. 그 제독이 조정의 모함으로 체포되어 서울로 압송, 죽음에 이르는 고초를 겪다가 원균이 이끄는 수군이 대패(大敗)하면서 다시 백의종군, 한 · 두척 남은 배로 울돌목에서 적의 해군을 대파한 분, 성웅 이순신이 아무 죄 없이 체포되어 서울로 끌려간 곳이 바로 한산섬이다. 그가 한산섬을 떠난 후 원균이 이끈 수군은 전멸하고 만다. 이순신이 상관인 원균의 명령에 따르지 않고 부산으로 출병하지 않았던 이유는 조선 수군이 모두 전멸할 것이라는 판단에 기인했다.

전쟁 중에도 조정은 당파싸움으로 하루하루를 보내고 이순신은 서울에 끌려와 반쯤 죽는 고문을 당하고 있었다. 그 조정안에 일본 첩자와 내통하는 자가 있었고, 이순신은 일본의 간계에 희생되었다는 주장도 있다.

한산섬은 한적한(閑) 산(山)이라는 섬. 동백은 아직 피어 있었고 바다는 정원에 만들어진 연못처럼 잔잔하다. 다도해, 섬이 섬을 보호해 주는, 서로가 방파제 역할을 하고 있었다. 이순신이 한밤중 깨어나 수루에 홀로 앉아 나라 근심하고 있었을 그 밤의 한산에 달빛이 없었다면 칠흑 같았으리라.

그 분의 발자국이 닿았을 땅을 나도 걷는다. 활을 쏘던 사정(射

亭)에 앉았다. 50미터 떨어진 과녁 사이에 바다가 들어와 있다. 이순신은 무인이었지만 미학적인 시인임을 알겠다. 경거망동하지 말라던 그의 명령이나 죽기로 작정하면 살아날 것이라는 그의 명령은 수군 한 사람, 한 사람 마음속에 화살처럼 꽂혀 백전백승을 거두었다. 그는 한 번도 패(敗)한 적이 없다. "나를 알고 적을 알면 패하지는 않는다."는 격언이 증명된 것이다.

저녁 해가 질 무렵 통영으로 나와 충렬사에 들리니 탄신일을 기리는 준비가 진행되고 있었다. 거기서 멀지 않은 거리에 있는 세병관을 찾았다. 이제 그 건물은 낡았고, 단청은 퇴색했다. 문화재 관리를 서둘러야 하리라. 북한의 김정일에게 바치는 돈은 넘쳐나도 이 나라 역사 보전에는 무딘 이유는 무엇인가 나는 모른다.

이튿날 새벽 다음 방문지인 보길도를 향해 떠났다. 고성을 지나면서 내 은사인 김열규 선생님께 전화하니 마침 기적처럼 받으셨다. 대구 계명대에서 아직도 가르치고 계시는 선생님은 서강대에서 오래 가르치다 고향인 고성에 와서 살면서 인제대를 거쳐 최근 계명대로 옮겼다. 그 반가움, 기쁨이라니.

하일면 바닷가 자란만을 바라보는 언덕에 2층 집을 짓고 정원을 진귀한 꽃나무들로 채운 국문학자, 민속학자, 에세이스트의 멋이 그 속에 가득하다. 정원을 거쳐 집안으로 들어가니 책들이 가득하고 창 앞에 서니 앞으로 바다와 섬이 가득하다. 보리밭이 바람에 율동적이고 뒷산이 신록에 가득하다.

공룡 발자국이 남아 있는 바닷가를 거쳐 박재삼 시인의 고향인 삼천포를 지나 사천, 진주로 가다 남해안 고속도로를 탔다. 하동 쌍계사에 오르고 내려와 화계장터에서 재첩국으로 점심 식사를 하고, 순천으로 나와 보성, 장흥, 강진, 해남으로 들어 왔을 때 어둠이 가득하다. 내 소유의 산인데 아직 한 번도 대하지 않은 해남군 현산면 덕흥리 산을 찾아 시골길을 달렸다.

이장은 댁에 아니 계셨고 개들은 낯선 방문객을 향해 일제히 짖는다. 나이 드신 마을 어른이 나와 산을 가리키며 정상 쪽 1만 여평이 내 산이라고 일러준다. 거기서 완도를 향해 나갔다. 장보고와 청해진, 김이 유명한 섬에서 하룻밤을 자고, 이튿날 아침 7시 보길도로 가는 배를 탔다. 1시간 20분 후 윤선도의 '어부사시사'가 빛나는 섬에 닿았다. 포구 가까이 윤선도가 조성한 세연정(洗然亭)이 서 있고 '어부사시가'가 봄, 여름, 가을, 겨울로 큰 자연석 위에 새겨져 있다. 자연을 그대로 두고 정자를 세우고, 그 안에서 오우가(五友歌)를 노래한 조선의 시인, 조선역사에 윤선도만한 시인이 있겠는가?

조정에서 일한 세월보다 유배지에서 보낸 세월이 더 긴 시인에게 바다와 섬, 바위, 대나무, 해송, 어부만큼 사랑스러운 것들이 있겠는가? 바다도 때로 노하고, 섬을 삼킬 듯 태풍이 일면 무서웠으리라. 그러나 "지국총, 지국총, 어와랴" 하는 뱃사람들의 소리가 그에게는 참으로 신선했으리라. 햇볕에 그을린 구리빛 얼굴과 어깨를 가진 어부들이 조정의 고급 관료들보다 훌륭한 인물들이었으리라.

어부 사시사

춘 사

앞 개에 안개가 걷히고 뒷산에는 해가 비친다.
<배를 띄워라, 배를 띄워라.>
썰물은 거의 나가고 밀물이 밀려온다.
<찌거덩 찌거덩 어야차!>
강촌의 온갖 꽃이 먼 빛이 더욱 좋다.
봄바람이 문득 부니, 물결이 곱게 일어난다.
<돛을 달아라, 돛을 달아라. 어야차!>
돛을 달아라 돛을 달아라. 동호(東湖)를 바라보며
서호(西湖)로 가자꾸나.
<찌거덩 찌거덩 어야차!>
앞산이 지나가고 뒷산이 나타난다.
우는 것이 뻐꾸기인가? 푸른 것이 버들숲인가?
노를 저어라, 노를 저어라.
(배가 쏜살같이 나아가니)
어촌의 두어 집이 안개 속에 들락날락한다.
<찌거덩 찌거덩 어야차!>
맑고도 깊은 소에서 온갖 고기가 뛰논다.

꽃다운 풀을 몸소 밟아 보며, 난초와 지초도 뜯어 보자,
<배를 세워라, 배를 세워라.>
한 조각 거룻배에다 실어 놓은 것이 무엇인고.
<찌거덩 찌거덩 어야차!>

갈 때에는 안개뿐이고(분이었는데), 올 때에는 밝은 달빛이도다.

하 사

궂은비가 멈추어 가고 흐르는 시냇물도 맑아 온다.
<배를 띄워라, 배를 띄워라.>
낚싯대를 둘러메니(벌써부터 솟구치는)
마음 속에서 우러나는 흥겨움을 참을 길이 없겠구나.
<찌거덩 찌거덩 어야차!>
안개가 자욱한 강과 겹겹이 둘러선 뫼부리는
누가 그림으로 그려냈는가?

연 잎에 밥을 싸 두고 반찬은 장만하지 마라.
<닻을 들어라, 닻을 들어라.>
대삿갓을 쓰고 있다. 도롱이를 가져 왔느냐?
<찌거덩 찌거덩 어야차!>
무심한 갈매기는 내가 저를 따르는가? 제가 나를 따르는가?

물결이 흐리다고 발을 씻은들 어떠하리.
<노를 저어라, 노를 저어라.>
오강을 찾아가려 하니 천년에 걸쳐
굽이치는 오자서의 원한에 찬 노도가 슬프겠도다.
<찌거덩 찌거덩 어야차!>
초강으로 가자 하니 혹시나 고기 뱃속에 충혼으로 사라진
굴원(屈原)의 넋을 낚을까 두렵다.

추 사

속세를 벗어난 데서 깨끗한 일로 소일함이
고기잡이의 생환이 아니더냐.
< 배를 띄워라, 배를 띄워라. >
늙은 고기잡이라고 웃지를 말라, 그림마다 어옹이 그려져 있더라.
< 찌거덩 찌거덩 어야차! >
네 계절의 흥이 한가지로 비슷하나
그 중에서도 가을철의 강물이 자아내는 흥이 으뜸이라.

바다에 둘러싸인 곳에 가을이 찾아드니 고기마다 살쪄 있다.
< 닻을 들어라, 닻을 들어라. >
아득히 넓고 맑은 바닷물결에 맘껏 흡족하게 노닐자꾸나.
< 찌거덩 찌거덩 어야차! >
아, 속세를 뒤돌아보니 멀리 떨어질수록 더욱 좋다.

기러기가 날아가는 저 멀리로 이제껏 보지 못했던 산이
새삼스레 드러나 보이는구나.
< 노를 저어라, 노를 저어라. >
낚시질도 즐기려니와 자연에 마음 쏠리는 바는 이 흥이다.
< 찌거덩 찌거덩 어야차! >
석양이 눈부시게 빛나니 단풍으로 수놓은 모든 산이
수놓은 비단같이 아름답도다.
옷 위에 서리 내리되, 추운 줄을 모르겠도다.
< 닻을 내려라, 닻을 내려라. >
낚싯배가 좁다 하나 딴 세상과 견주어 어떠하냐.

<찌거덩 찌거덩 어야차!>
내일도 이렇게 하고 모레도 이렇게 지내자.

동 사

구름이 걷히고 나니 햇볕이 두텁게 내리쬐인다.
<배를 띄워라, 배를 띄워라.>
천지가 온통 얼음으로 덮혀 생기를 잃었으되
바다는 옛과 다름이 없다.
<찌거덩 찌거덩 어야차!>
끝없이 아득한 물결이 비단을 펼쳐 놓은 듯하다.
물이 얕은 갯가의 고기들이 먼 소로 몰려갔으니
(겨울이라 수온이 낮아 깊은 곳으로 갔다.)
<돛을 달아라, 돛을 달아라.>
잠깐 동안 날씨가 좋을 때에 일터(어장)에 나가 보자.
<찌거덩 찌거덩 어야차!>
낚싯밥이 좋으면 큰 고기가 물린다 한다.

간 밤에 눈 갠 뒤에 경치가 달라졌구나!
<배 저어라, 배 저어라.>
앞 체는 유리처럼 잔잔한 넓은 바다, 뒤에는 겹겹이 둘러싸인
백옥 같은 산이로다. <찌그덩 찌그덩 어야차!>
아, 여기는 신선이 사는 선경인가? 부처가 사는 정토인가?
인간 속세는 아니로다.

11시 20분 완도로 가려던 계획은 정말 수포(水泡)로 돌아갔다. 태

풍주의보가 태풍경보로 전환하고 있었다. 한 3일 섬에 갇혀 있게 될 것 같았다. 바람은 거세지고, 나무들은 크게 흔들린다. 오늘밤에는 서울에 닿아야 내일부터 평범한 생활로 돌아갈 텐데 갈 길이 뭍으로 가는 마음을 접고 바람이 잘 때까지 사나흘 민박하라는 아주머니께 떠나야 할 사정을 말했더니 그 옆 노화도에 가서 거기서 해남 땅끝 마을까지 가는 배를 타면 그 거리가 짧아서 뭍으로 나갈 수 있다고 했다. 그렇게 했다. 11시 20분 배가 우리를 마지막 손님으로 태워 주었다. 땅끝 마을에 배가 포구에 닿을 때엔 바람과 비가 인간을 무력하게 만들고 있었다. 개인 날이었으면 전망대에 올라 바다와 섬을 볼 수 있을 텐데 몸이 비바람에 날릴 것 같은 이 시간에 어찌해야 한단 말인가? 여기까지 와서 전망대에 오르지 않고 떠나면 후회할 것 같아 적진을 향해 가듯 언덕으로 오르는 층계를 밟았다. 전망대 9층에서 바다와 섬을 바라보다 내려왔다.

2층 찻집에서 커피 한 잔을 마시는 정취는 돈으로 살 수 없는 위안이었다. 찻집 여자는 내가 앉은 의자에서 새벽 일출과 일몰을 보는 재미는 백만불짜리라고 설명한다. 내가 다시 이 의자에 앉아 일출과 일몰을 감상할 기회가 있을는지는 누가 알랴.

섬에서 탈출해 뭍에 왔으니 그 시간은 행복했다. 다시 해남읍으로 나와 강진, 영암을 지나 목포로 갔다. 서해안 고속도로를 탔다. 군산휴게소에서 저녁식사를 하고 서울로 달렸다. 성산대교를 건너 강변북로를 타고 옥수동 아파트에 도착했을 때는 밤 9시였다.

조선 역사에 빛나는 이순신, 윤선도의 발자국이 닿은 한산도, 보길도를 다녀온 봄 여행은 행복했다. 가야지, 가 봐야지 하면서 미루

전라남도 보길도 윤선도의 정자

던 봄 여행은 백 번 읽고 들어도 한 번 내 눈으로 확인한 것보다 못하다는 격언의 뜻을 알려준다.

오고 가는 길에 남해의 인정과 자연을 대했지만 우리나라 남해만큼 아기자기하고, 고혹적인 바다를 찾기는 이 지구에서는 어렵다.

백제를 찾아서—공주 · 부여

난생 처음 공주에 갔다가 부여에 들렀다. 부여엔 초등학교 시절 수학여행 후 처음이니 50년 만의 재방문이다.

"시인이 공주를 다녀오시지 않았으면 크게 잘못된 것"이라고 지적하는 소설가 정소성 교수를 따라 공주로 갔다. 오후 1시 고속버스 터미널에서 버스를 타면 1시간 20분 후 공주터미널에 도착한다. 거기서 택시를 타고 금강을 건너 무령왕릉으로 갔다가 공주 박물관을 다녀와 저녁 어스름 공산성을 둘러보고 밤을 맞았다.

이튿날 아침 부여로 가서 부소산성 속 몇 개의 루와 낙화암, 고란사 그리고 부여 중심가에 있는 정림사지에 와서 백제 5층탑을 보고 서울로 돌아왔다.

공주여행은 무령왕릉을 찾는 일이었다. 공주는 무령왕릉이라고 해도 지나치지 않고, 백제유적이 무령왕릉이라고 해도 지나치지 않다.

백제는 사라진 왕국이고, 남아있는 것이 없다. 700년 역사가 그렇게 모두 사라질 수 있는지도 의문이다. 한강에서 시작해서 금강으로 밀려났다가 금강 하류에서 사라진 비탄의 왕조, 그 왕조를 그나마 구한 것이 무령왕릉이다. 공주 국립박물관도 무령왕릉에서 나온 유물들을 보존 전시하기 위한 것이다. 무령왕릉 발굴시 공주 시민들은 그들의 문화유적이 공주에 남아있기를 바래서 생겨난 박물관이다.

1971년 성산리 고분의 배수로를 만들기 위한 작은 공사가 1400년 어둠 속에 갇혀있던 무령왕릉을 발견하게 했다. 묘지석에는 분명히 무령왕과 그의 왕비의 묘라는 글씨가 지금도 선명하게 쓰여 있다.

그 당시의 감격이나 감동은 이루 말할 수 없었다.

지금 보아도 감동이다. 두개의 관이 놓여있던 현실(玄室)의 벽돌이 하나하나 예술품이다. 벽돌의 무늬가 다양하고 정교, 지금 막 구워낸 벽돌같다. 천정은 아치형으로 만들었으니 백제의 건축술이 6세기 상당했으며 벽에 호롱불이 들어갈 자리를 만들어 놓은 것이다. 모두 경탄할 만하다. 그 안에 있던 부장품들 가운데 왕비의 팔찌가 오늘의 예술품이라고 해도 세계 제일의 것이다. 팔찌를 만든 다리(多利)라는 장인이 금속공예 대상을 받을만한 솜씨를 보여주고 있다.

중국 양나라의 동전이며 일본 남부에서 자라는 금송으로 만든 관이 백제 전성기 이웃나라와의 문화교류를 실감케 한다. 돛단배가 금강에서 황해로, 남해로 가 이웃들과 교류했는데 오직 고구려와는 교류가 없었다. 가장 치열한 교전국이었으니까.

그 많은 왕들이 죽어갔을 때 크게 왕릉을 만들었는데 그 능이 누구의 능인지 정확히 밝히지 않았는데 어찌하여 무령왕은 능의 이름을 밝히게 했는가? 경주에 가면 천마총이란 능이 있다. 말안장이 나온 능이라 천마총이라 후일 이름 지었을 뿐인데, 집안에 가면 광개토대왕의 능이란 추정만 가능한데 어찌하여 백제의 무령왕은 그의 이름을 밝혔는가? 참으로 다행스럽다. 그는 1400년 후대를 생각하고 살았던가?

한강의 도읍을 버리고 금강으로 내려온 백제의 왕이 비통해 하면서 새로운 백제를 건설하려 했을 것이다. 거기서 60년 통치하다 부여로 내려간 이유는 무엇일까? 고구려와 신라의 위협에서 조금 더 멀어졌겠지만 무령왕의 아들 성왕도 부여에서 백제의 전성시대를 이루었다. 그러나 100년이 다가기 전에 신라와 당의 연합국에 완전히 패해 멸망해 버렸다. 너무나 혹독한 멸망이었는지, 너무나 혹독한 도굴이었는지… 남은 것이 없다.

공산성은 공주의 보물이다. 금강을 옆에 두고 쌓은 성인데 그 안에 백제의 궁궐터로 추정되는 흔적이 남아있고 연못이 있고, 인조가 이괄의 난을 피해 여기에 머물고 있었다는 기록들이 있다. 금강 건너에서 바라본 공산성의 야경은 괜찮았다. 60여년 백제의 흔적은 무령왕릉과 공산성에 집중될 것이다. 그러나 세월이 가도 새로운 유적이 나올지 아무도 장담할 수 없다.

부여. 백제멸망의 슬픔이 남아있는 유적은 낙화암이다. 꽃처럼 떨어져간 3,000 궁녀들의 혼을 위로하는 고란사와 고란사 옹달샘

위에 자라는 풀잎, 고란. 초등학교 수학여행에서 남아있는 부여는 고란사와 낙화암, 그때 군수기지창이었던 부소산성에서 캐낸 타버린 나락인지, 쌀이 다다.

50년 세월이 지난 부소산성엔 김해의 고등학생들 졸업여행이 있었고, 언론 중재위원들의 방문이 있었다. 감개무량, 그것은 내 심정을 표현하는 말이다. 그때는 없었던 누각들이 있고, 백제의 3충신, 성충, 흥수, 계백을 기리는 사당이 있다. 부소산성엔 현대인이 장식해 놓은 장식품들이 많이 생겨났다.

금강의 하류를 부여에서는 백마강이라 부른다. 백마강은 군산으로 빠져 황해로 나간다.

부여는 발전되지 않은 읍으로 남아있다. 택시 기사는 JP에 대한 불만이 많다.

부여의 다른 유적은 정림사지 5층탑 하나뿐이다. 정림사란 절터의 이름도 고려기와에 새겨진 이름일 뿐, 백제시대 건축된 절 이름도 모른다. 석탑이어서 남아있는 것뿐. 국보 9호다. 정림사지에 들어가면 석불좌상이 하나 집속에 갇혀 있는데 극심한 파괴와 마멸로 형태만 겨우 남아있다. 추상파 조각가가 만들어놓은 석불좌상 같다. 풍상에 마모된 것을 보호하기 위해 집을 짓고 보호하고 있지만 이 불상도 백제의 것이 아닌 고려시대 보존불로 추정되고 있다.

백제→통일신라→고려→조선→한국으로 넘어온 그 기간 이 나라 역사는 보전되지 않았고 풍상에 마모되었고 전란에 파괴되었고, 도굴꾼들에 의해 도둑 당했다. 역사의식은 이제 만 30년이 되었으니 너무나 늦은 감이 있다. 그러나 먹고 살기 어려웠던 시절 과거를 보전할 만한 의식이나 인식, 여유가 없었다.

지금이라도 역사문화를 보전하는 시민 의식을 높일 필요가 있다. 쓸데없이 박정희를 무너트리기 위한 과거사규명이 필요한 것이 아니라 이 나라 국토에서 2000년의 역사유적을 찾는 일이고 보전하는 일이다.

한국에서의 내 정년을 맞이하는 것을 위해 나를 초대해 준 정소성 교수와 그의 부인에게 감사함의 표현으로 시를 전한다.

비탄의 강

1

이 나라의 중심을 흐르는 한강 연안에
도읍을 세우고도 500년 후 금강연안으로
천도하고 60여년,
그 후 금강하류로 떠 내려가
100여년 더 지탱하고
망해버린 왕조
어디에도 그 왕조의 유적, 흔적 하나없다

여자들이 꽃처럼 떨어져 간
낙화암이 비탄의 강을 지켜주고 있다

그들의 불쌍한 혼을 위로하는
고란사가 강가에 서 있다
5만의 적군에
5천의 군사로 대적한 장군은
마지막 전쟁터로 떠나기 전
그가 사랑한 아내와
아이들의 목을 베었다
이 처참하고 슬픈 역사가
백제의 흔적이고 유적이다

2

백제를 받쳐주고 있는
무령왕릉,
왕과 왕비가 합장된 묘지
1971년 우연히 찾아진 능 하나가
찬란했던 백제역사를
어두운 현실(玄室)에서
꺼내 놓았다

28개의 다양한 벽돌 하나하나가
받쳐주고, 세워주고
천정으로 올라간 아치
누가 저렇게 견고하고 단정한
연꽃무늬 벽돌을
구워 내놓을 수 있을까?

벽면의 백자등잔(白瓷燈盞) 놓일
불꽃형 공간,
묘지석(墓地石),
…… 예술이다

다리가 만든 왕비의 은팔찌
오늘 뉴욕의 티파니에 가서도 살 수 없는
백만달러짜리 금속공예품
왕과 왕비의 뼈도 공기로 산화했지만
일본에서 온 금송(金松) 목관이
결 고운 문화의 교류를 보여주고 있다

3

1400년 어둠 속에 갇혀 있었던
왕릉 하나가 700년 백제를 증언하고 있다
도굴당한 1400년 세월이 부끄럽지만
역사의 파편하나
비탄의 강에서 나와
곰나루를 지켜주고 있다

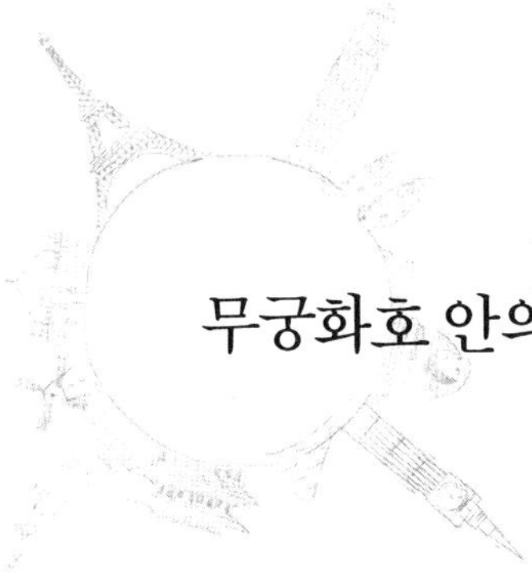

무궁화호 안의 행복

담양군청에 가는 길에 기차여행을 즐겼다. 서울에서 광주로 가서 자동차편으로 담양에 가는 길을 택했다. 정해진 도착시간에 맞추어 기차를 정하다보니 무궁화호가 되었다.

무궁화호는 시골사람들이 타는 기차라는 인상을 주었다. 시골풍의 노인들이 내가 탄 기차의 승객들이었다. 나는 창밖의 풍경을 감상하다 낮잠에 빠졌다. 잠에서 깨어나니 옆 자리의 아주머니가 빵과 음료수를 내게 권한다. 그때까지 한마디도 나누지 않았던 나와 아주머니의 관계가 한순간에 아주 가까운 인간관계로 변했다.

서울의 유명한 제과점에서 구운 빵과 맛있는 포도주스를 얻어먹고 나서 무궁화호에서 선물용으로 파는 울릉도 마른 오징어 선물을 답례로 했더니 결코 받지 않았다. 백양사역에서 내린 아주머니는 무궁화호의 행복이 무엇인가를 내게 가르쳐주신 분이다.

서대전에서 잠이 깨어서 이리, 신태인, 정읍을 지나면서 두 사람이 나눈 말들은 많지 않다. 그러나 나는 그 아주머니를 잊을 수가 없다. 나는 정읍 가까이 이르자 "정읍은 저의 유년시절이 남아있는 마을"이라고 말씀 드렸더니, 아주머니는 "나도 동국민학교를 졸업 했다"고 말씀하셨다.

이에 "저도 동국민학교를 다녔다" 했더니 몇 회냐고 물으신다. "아, 저는 졸업을 못하고 3학년 다니다 정부가 수립되면서 아버지 따라 서울로 올라갔다"고 답했다. 거기서 나는 "아주머니, 연세가 어떻게 되지요?" 물었다. 1938년생이라고 답하셨다. "제가 1941년 생이니 아주머니가 몇 년 선배가 되겠군요." 우리 나이 일곱 살에 동국민학교에 입학했으니, 내가 그 학교를 졸업했더라면 아마 2년 정도 선배님이 아니었을까?

1950년 서울로 이사 가기 전 동국민학교 봄 소풍을 내장산으로 갔다. 오랜 외국생활에서 돌아와 정읍을 찾았을 때 동국민학교 교정과 그 옆 이순신 장군 사당은 그 자리에 있었고 내장산도 그 안의 절도 그대로 있었지만 내가 살던 시기라 집은 어디 있는지 찾지 못했었다.

나는 아주머니에게 내 유년시절의 정읍을 전했다. 아주머니는 열아홉에 경상도 거창출신의 남자와 결혼해 40여년 서울에서 살다가 당뇨가 생겨 백양사가 있는 절 마을에 와 휴양을 하고 있다고 전한다.

기차 안에서 김밥을 사먹으려 했더니 김밥이 다 떨어졌다고 말하는 승무원과의 대화를 들은 아주머니가 서울가족이 싸준 빵과 마실 것을 내게 주는 고운 마음은 오히려 현대사회에서 찾기 어려운 마음이 아닐까?

기차여행은 창밖을 내다보며 시골 풍경과 공간을 감상하는 귀중한 시간을 제공하지만 옆자리에 앉아서 가는 인연을 또한 귀중하게 제공한다. 네 시간이면 단편소설 하나쯤 쓸 시간이 아닌가.

현대사회는 사람들을 고독하게 만들어 놓았다. 이웃이 없어진 사회가 사막처럼 느껴진다. 서울 아파트에 살고 있는 이웃들이 서로 누군지 모르면서 반상회라는 모임을 열고 있지만 여전히 나는 그들을 모른다. 서울이라는 거대도시가 만들어내는 이상한 현대사회가 사막이라고 느껴진다. 가문, 지연, 학연을 떠나면 한국이라는 나라 전체가 무너져 버릴 것이다. 사하라 사막이나 고비사막만 사막이 아니다. 현대사회가 바로 사막이다.

돌아오는 길에는 새마을호를 타고 서울로 왔다. 내 옆자리에 앉은 젊은 사람과는 말 한마디 없이 서울까지 왔다. 아마 신의주까지 간다 해도 우리들은 아무 말이 없었을 것이다. 기차여행이 가져다주는 낭만도 젊은 사람들에겐 없는 것일까? 아니면 세대차이가 주는 갈등이 서로 아무 말도 하지 않게 하고 있는가? 광주에서 서울로 오는 기차 안에는 도시풍의 신사와 숙녀들이 타고 있었다.

무궁화 안의 행복, 그것은 사막에서 찾은 오아시스다. 지금도 무궁화호 안에는 아주머니가 주신 빵과 마실 것이 돈으로 환산할 수 없는 지극한 행복으로 남아 있다. 백양사 근처에 사는 몇 년 선배님, 이름도 성도 모르는 아주머니로부터 얻은 지극한 행복을 나는 이 글로 답례할 수밖에 없다.

우주에 물이 있는 천체는 지구뿐이다. 그 지구에도 물이 없는 사막이 있다. 그리고 지금도 사막화가 진행되고 있다. 인간이 숲을 없애고 그 자리에 도시를 세우고, 자동차의 홍수를 이루고, 그래서 이산화탄소가 지구를 온난화하고, 그래서 북극, 남극의 얼음이 녹아내리고 작은 섬들이 사라지고 있다.

서울의 봄엔 진달래가 피어나지만 그 안에는 정신적으로 사막화가 보이지 않게 진행되고 있음을 본다. 아찔하다. 정신적인 사막이 먼저 오고, 물리적 사막이 나중에 오는 것은 아닌가?

그러나 백양사 근처에 살고 계시는 아주머니가 오아시스를 만들어 주고 있고, 사막화를 거부하고 있음을 또한 안다.

여기에 내가 쓴 "정읍사"란 내 시 한 편을 소개한다. 그 아주머니가 이 시를 읽게 될 기회는 없을지 모르지만.

정읍사

남해의 봄같은 내 유년의 촌
이제 아무도 그를 친구로 보아주지
않는 이방의 촌역
이제는 30대 초기의 장년들
기억을 상실한 배우가 되었나
동국민학교 3학년 초봄에
나는 아버지따라 서울로 가고
학교정문까지 나와 전송해 주셨던
아름다운 여자선생님에게는

부끄러움 때문이었나
편지 한 장 못쓰고 있다가
한국전쟁이 터지고
피난살이 끝에 대전에서 졸업을 했다.

그렇게도 은은했던 외가도
은수할머니 타계 후 쓸쓸하고
할머니 애정의 손에 잡혀,
등에 업혀 다니던 오솔길 대숲,
외사천의 논길이 이제 또 이방이 되었다.
다정했던 국민학교 친구들
마지막 우리들 내장산으로 간
봄 소풍을 기억하는가
산사 앞에서 기념사진을 찍은
몇몇은 그 사진을 찾지 못한 채
떠나간 나를 기억할 거야
1학년이었던가 2학년이었던가
학예회의 극장에서는 동화를 읽었던가
그리고 정몽주의 후손과의 씨름에서는
내가 모두 이기고 있었다.
노인당 근처에 살던 마을 친구들은
우리집 앞집이 방앗간이었고
우리집 대문 옆에 한약방이 있었던 걸 기억할 거야
그때 몇 살이었던가
가재잡이 나갔던 그 강물은
지금 보면 정말 작은 개울일거야

멀리 멀리 우리집 마을을 지나
시장의 다리도 건너
곡마단의 텐트까지도 걸어 나갔을 때가 있었지

불행하게도 누구의 이름도 기억할 수 없다.
전쟁은 아름다운 나와 유년의 관계를
폭파해 버리고 갔다.
나의 보낼 수 없는 기억은
아직도 깨끗한 포장지에 싸여
주소를 잃은 채 대서양 연안의 도시
아파트에 놓여있다.

작자미상의 정읍사를 읽을 때마다
나는 따스한 작은 동물이 되어
남해의 봄 햇살을 즐긴다.

천년 고도, 경주를 찾아서

불국사, 석굴암, 첨성대, 안압지, 포석정이 고등학교 졸업여행의 경주였다. 절터만 남은 황룡사의 경주가 있었다. 그때 본 안압지가 조그만 연못이었고, 포석정은 왕과 신하가 술잔을 돌리던 곳이 아니라 어린아이들이 놀던 작은 놀이터였다.

그 후 천마총을 열어 대능원(大陵院)을 만들었고 국립박물관, 통일전도 만들어 놓았다. 신라의 1000년 고도(古都)의 영광을 찾으려는 후세의 노력을 칭찬할 만하다.

최근 경주 여행에서 나는 하루를 내어 남산에 올랐다. 야외박물관, 노천(露天)박물관으로 알려진 남산을 삼릉(三陵)으로 올라 금오봉 정상에 닿았다. 용장사지 계곡으로 내려왔다. 남산은 두 개의 산, 금오봉(468m)과 고위봉(494m)을 합한 산의 이름이다. 서울의 남산과는 이미지가 다르다.

삼릉, 세 개의 능이 산의 입구에 있다. 8대 아달라왕, 53대 신덕

왕, 54대 경릉왕의 능이다. 삼릉을 지나 소나무 숲길을 지나면 조그만 폿말이 나온다. 폿말을 찾아 석조여래좌상, 마애관음보살, 선각육존불, 석간여래좌상, 석불좌상, 상선암, 마애석가여래좌상을 보며, 금오산 정상으로 오른다.

토요일 아침, 산행하는 경주 시민들 사이에 야외박물관을 찾아온 나같은 묵객도 있었으리라. 머리가 없는 다수의 석불(石佛)이 인상적이고, 선(線)으로 조각된 바위 속에 부처가 예술적이다. 선각(線刻)은 선으로 파 놓았다는 뜻이다.

자연의 바위를 그대로 재료로 쓴 신라의 석공이 미술대학 출신이 아니라 남산 밑에 살던 평범한 촌부일 거라고 상상하고 있었다. 부처님을 닮고자 했던 신라 사람들을 찾을 수 있었다. 이차돈의 순교에서 흰 피가 솟았다는 설화가 문득 내 앞에 머리 없는 석불로 다가온다. 목이 달아난 석불을 보며 목이 가장 취약한 인체의 일부라는 생각을 하며 상선암에 오르니 쉬어가는 이도 제법 있다. 상선암 바로 위 바위에 새겨진 부처 앞에서 신발을 벗기에 나도 따라 신발을 벗었다. 불자든 아니든 상관없다. 신라의 예술품 앞에서 누구든 경건할 수 있다.

그 때, "참 잘생긴 부처님이지요." 모르는 분이 내 등 뒤에서 내게 주신 물음이면서 선언이다. "그래요, 참 잘생긴 부처님입니다." 그렇게 대답했다.

남산의 마애석가여래좌상, 가장 추천하고 싶은 바위 속의 부처다. 남산에서 제일 높은 곳에 있는 암자인 상선암 위에 남산 불상 중 가장 크기가 큰 마애석가여래좌상을 볼 수 있다. 높이 5.2m, 무릎폭 3.5m 정도 되는 이 부처는 돋을 새김한 머리 부분에서 아래로 갈수록 선각에 가깝도록 단순해 보이는 조각 형태이지만 정교하고 우수하다.

부처의 위엄과 자비의 모습 때문에 큰 절을 하는 불자들이 보인다. 소원 성취를 비는 불자를 위해 그 앞에 자연 공간이 생겨났다. 아니, 1000년 전 신라 석공이 모든 조건을 생각하며 여기에 남산 최고의 부처를 새겨 놓았으리라. 7세기라고 추정하면 1300년 전. 석공은 2005년 현대인들도 이 부처 앞에서 경건하게 기도할 것을 예상했을까? 불교가 이 나라 역사를 지탱해 줄 것을 그는 7세기에 기도하고 있었을까?

그는 내게 금오봉을 거쳐 용상사지로 내려가 보라 도움말을 주었다. 가족과 함께 남산에 오른 그는 인간의 품위와 향기가 무엇인가를 알려주고 있었다.

그가 가르쳐준 숲길로 걸어갔다. 금오산에 매월당 김시습이 금오신화를 쓴 절터가 남아있다. 절은 간 곳이 없지만 3층탑은 그대로 서 있다. 산 아래에서 멀리 보이는 3층탑 뒤로 푸른 하늘이 고왔다.

용상사지에는 두 사람의 현대인 묘가 들어서 있으니 울창한 대숲 속에서 나는 길을 잃은 미아가 되고 만다. 거기서 다시 마애석가여래좌상에서 만난 착한 인상의 불자를 만난다. 마애석가여래좌상이 만들어준 우리들의 인연이 아니겠는가? 계곡의 물소리가 우리들의 마음을 맑게 해주었고, 산수유 꽃이 이 계곡에 봄을 알리고 있었다. 개나리, 진달래가 되기 전 산수유 꽃은 이 나라 봄의 전령사가 아닌가?

세조를 질타한 매월당을 매료케 한 것이 무엇일까? 머리 없는 불상이었을 것이라고 상상하면서 그 계곡을 빠져나왔다. 이 나라 현대 소설의 효시가 된 그의 금오신화가 남산에서 쓰여졌다는 사실도 우리는 경주의 문화 유적 속에 중요하게 기록해야 한다. 신라의 천년 고도에 매월당 김시습도 매료되어 있었으리라고 나는 생각하고 있다. 그리고 우리가 보고 있는 노천 박물관에도 매료 되었으리라고 상상한다.

꿈속에서 만난 여인과의 안타까운 사랑이야기, 천생연분을 만나 서로를 잊지 못하고 죽어서도 사랑하는 사람들이야기, 용궁과 저승 세계 같은 환상적인 세계에 관한 이야기들이 세상을 버리고 남산에 들어온 김시습이 쓰고 싶은 소설이었으리라.

산수유 꽃 사이로

–경주 남산에서

산수유 꽃 사이로 머리가 없는
불상이 서 있다.
1000년 전 산수유 꽃 보러 왔다가
화강암 바위에 부처님
모습을 선으로 파 놓고
봄을 맞이했을
신라 석공(石工)
바람이, 폭풍우가 징으로 파고

끌로 새긴 선을 따라가다
부처 머리를
천국으로 옮겨 놓았다.
매월당 김시습도
세상을 버리고
금오산 자락에 숨어서
금오신화를 썼을까…
산수유 꽃은
봄이 오면 새로 피고
머리 없는 석불은
역사를
풍화 작용 속으로
끌고 가고 있는가
천천히
아주 천천히
역사는
바위 속에 새겨져
예술로 남고
그 옆에 문학으로 쓰여져
산수유 꽃 앞에 서 있다.

천마총

왕이 죽어도 그의 이름을 남기지 않고
그가 타던 말의

말안장을
남겼으니
그 왕은
분명
세속 왕(王)이 아니었느니라.
사람은 죽어서 이름을 남기고
호랑이는 죽어서 가죽을
남긴다 했는데
금관의 가치보다
더 큰
말안장을
나는
어둠 속에서
보았느니라.
아, 얼마나 위대한
신라의 왕인가.

예술마을 헤이리를 찾아서

가을 청명한 날 파주에 있는 예술마을 헤이리를 찾아 나섰다. 한길사 김언호 사장이 만들어낸 꿈같은 마을이 15만평 야산에 아직도 세워지고 있으니 한 번 가보자고 괜찮은 미국 친구가 알려 주었기 때문이다. 시인으로, 환경정책 학자로 한 번 가볼만한 마을이라는 것이다.

한국 안에 살고 있으면서 헤이리를 들어본 적이 없다고 친구에게 말했다. 파주는 60년대 초엽 내가 육군 소위로 근무하던 병영이 있었고, 띄엄띄엄 촌가가 있었던 마을이었기 때문에 추억을 더듬는 여행은 되리라 생각하며 떠났다.

목동에 살고 있는 이서현 시인에게 동행을 요청했다. 우리들은 자유로를 따라 북쪽마을로 갔다. 어느새 왼쪽으로 임진강이 나오고, 습지가 나오고, 철조망이 나오는데 오른쪽으로는 높은 아파트들의 군락이 나온다.

일산을 지나고, 파주에 들어선다. 통일동산이 나오면 오른쪽 출구로 나오라 했다.

그렇게 예술마을 헤이리에 당도했다. 1번 대문이 나온다. 그리로 들어갔다. 자연과 함께 사는 몇 개의 집들이 나온다. Magazine House라고 쓰여진 건물 앞에 차를 세우고 들어갔다.

이 마을에서 제법 큰 건물이다. 완공된 지 3주 됐다는 이야기를 '잡지의 집' 여자가 말한다. 1층엔 현재의 정기간행물들, 2층엔 카페, 3층엔 일제시대, 해방공간에서 처음 나온 잡지들이 꽂혀있다. 아직 다 서가가 채워지지 않았다.

거기서 커피 한 잔을 하고 밖을 둘러보았다. 유리창을 많이 쓴 건물들이 보인다.

12시가 조금 넘었다.

바로 그 옆에 한길사의 책방, Book House가 있다.

거기서 김언호 사장과 2시 약속이 잡혀 있었다.

그를 만나기 전에 책방을 살펴보아야 할 것 같아 그리로 갔다. 건물 서쪽으로는 유리창으로 안이 보이고, 출입구는 건물 동쪽으로 나 있었다. 유리창을 보호하기 위한, 아니면 미학적 대조를 이루는 잘 다듬어진 나무들이 똑같은 간격으로 3층 건물의 위, 아래로 내려갔다.

건물에 들어서니 먼저 책들이 나온다. 옆에는 사진작가의 "바다와 그림자"라는 전시가 열리고 있다. 책방이다. 책의 서가들이 2층으로, 3층으로 오른다. 층계가 없고, 언덕을 이루며 2층에서 3층으로 연결된다. 장애자들이 wheelchair를 타고 가기 좋게 만들어졌다. 책들이 쭉 전시되어 있다. 3층에 오르니 카페가 있고 거기서 옥상으로 나가면 다시 자연이 나온다. 그 뒤로 다른 한 채의 책방을 지을 계획이라고 말한다.

모두 3만 권의 책이 거기 있는데 반은 한길사 책이고, 반은 다른 출판사들이 낸 양서라고 말한다. 양서는 잘 팔리는 책이 아니라 좋은 책이란 뜻이다.

한길사는 문학중심의 출판사는 아니지만 소설 『혼불』(최명희)과 『태백산맥』(조정래)으로 유명하다. 『한국사』, 『함석헌 전집』도 유명하다.

1시 반, 1층 음식점, Foresta에 내려왔다. 거기서 점심식사를 하고 정확하게 2시 그를 만났다.

명함을 건넸더니 미국에서 많은 글을 쓴 사람으로 기억한다고 그는 말했다. 그러나 내가 시인인줄은 몰랐다고 고백한다.

그는 그가 시골책방 주인이고 싶었던 유년시절의 꿈을 공개한다. 아직도 바닷가 어촌의 작은 책방 주인이고자 한다. 파주 출판단지, 헤이리 예술마을은 그가 꿈꾸는 세계라고 말한다.

그는 통일동산이 조성되면서 그 안에 헤이리를 두겠다는 꿈을 한국토지공사에게 전하면서, 15만평 땅에 들어설 예술인들의 공간을 구상했다고 한다. 그리고 출판단지 친구들에게 그의 꿈을 팔고 다녔다. 100명이 모이고, 지금은 370명이 분할된 땅을 샀다. 곧 그 공간이 채워진 것이다.

2,000년에 건물이 들어서기 시작했다. 1994년 꿈이 2,000년에 현실로 나타나기 시작했다. 땅값이 싸서 투자 유인할 수 있었을 것이다. 유명한 영화감독 박찬욱, 김기덕 감독도 헤이리 회원이다. 여럿 미술관들이 들어섰고, 소설가 "정학숙 기념관", 어린이 책방 "동화나라"가 있고, 서예가의 집도 들어서 있다.

건물들의 높이는 3층으로 제한되어 있고, 자연 보전을 최우선에 두고 미학적인 건축으로 예술마을은 이미 그 특징을 갖고 있다.

건물과 건물 사이엔 자연을 그대로 두고, 야생화들이 숨쉬며 자라도록 내버려두고 있다. 건물들 속으로 자연이 들어와 숨쉬도록 되어있는 것이다.

건물의 1층은 전시장, 2층은 예술가의 공방, 3층은 예술가의 거처이던가, 레스토랑 아니면 카페가 들어있는 구조가 인상적이다.

예술가가 방문객과 직접 만나서 그의 예술 세계를 전하고, 그가 만든 예술품을 팔고, 좋은 음식을 함께 들도록 구성된 각각의 집이 하나의 우주다.

그러나 건물 전체가 자연 전체와 더불어 예술품이 되는 마을이 헤이리의 꿈이다. 마을이 미술이 되고, 박물관이 되는 그런 꿈을 김사장은 일단 성취했다.

그는 이 예술마을의 중심에 책이 있다고 말한다. 그의 책방이 이 마을에 가장 큰 건물이고, 책방 안에는 책이 중심에 있다.

예술가들이 자연과 문화 속에서 지성의 대화를 나누는 이상향이 그의 꿈인데, 한 자리에 예술인들이 모여 산다고 해도 고독한 영혼의 그들이 가까이 교류할까? 고독한 영혼끼리 모여 산다고 고독이 해체되고 진정한 마을이 생겨날까?

두고 보아야겠다.

우리들이 모두 외딴 섬 하나가 되어 바다의 폭풍을 맞고 있는데 섬과 섬을 잇는 다리를 놓고 마을을 하나 만들면 얼마나 좋을까?

그는 오늘 비무장지대에 위치한 변경의 마을이 통일이 된 이 나라의 지성적 중심을 이룰 것을 전망하고 있다. 변경이 중심이 되는 생각, 서울로부터 떠나 자연과 인간이 숨쉬는 곳을 찾아가는 생각이 그를 지탱해 주고 있는 것 같다.

북한의 탱크가 들어오면 저지할 장애물들이 어느새 사라졌고, 남 · 북한의 관계가 이만큼 개선되었다고 보면 파주는 이미 변경이 아니라 중심에 서 있는 것 아닐까?

김언호 씨는 스스로 민족주의자라고 자처하고 있지만 민족을 고향으로 받아들이는 세계주의자라고 옹호하고 있었다. 요즘 유행하는 좌파적 민족주의자가 아니라 세계적 민족주의자가 되기를 바라며 헤이리 마을을 떠나고 있었다. 가을햇살이 눈부시도록 환한 오후였다.

마을 하나를 이렇게 예술적으로 디자인하고 그 속에 자연과 꿈을 넣을 수 있다면 세계가 주목할 수 있다는 사실을 확인했다.

아름다운 제주

제주도는 우리나라의 아름다운 섬이다.

그 섬에는 유채꽃이 있고, 돌담이 있고, 한라산이 있고, 거기 백록담이 있으며, 추사의 유배지와 세한도가 있고, 서귀포가 있고, 밀감이 있고, 오름이 있다. 몽고와 싸운, 그러나 패한 민족의 자존심이 있다. 그리고 푸른 바다가 있고 싱싱한 바다 생선이 식욕을 자극한다. 아, 거기 따뜻한 사람이 있다.

그 섬에 가면 죽은 내 친구 광협이가 살아나고, 내 대학 10년 후배가 언제나 나를 반긴다. 나는 오늘 그 친구와의 가장 긴 하룻밤을 적어 나가려고 한다.

내 인생에서 가장 긴 하룻밤은 1차, 2차, 3차, 4차, 5차까지로 이어졌다. 5차를 끝냈을 때, 새벽 신문을 나르는 아이들이 보였고, 나는 공항으로 나왔다. 친구들과 3차까지는 가 보았다. 세 사람이 함께 저녁 식사를 하고 난 후 다른 친구가 2차를 제안하고, 또 다른

제주도 한라산과 함께 펼쳐진 유채꽃

친구가 3차를 제안하게 된다. 헤어지기 어려운 친구들의 관계가 3차까지 가게 한다. 내 제자들과도 3차까지 간다. 새벽 2시, 3시. 모범택시를 타고 내 처소로 돌아오는 경우가 빈번하지는 않지만 아직도 있다. 그러나 제주에서 만 하루를 함께 보낸 친구는 이 세상에서 하나밖에 없다. 나는 그 친구를 둔 것을 하나님께 감사하며 살고 있다.

그는 친구라기보다는 10년 후배다. 대학 10년 후배를 나는 친구라고 부른다. 내가 한국에 돌아왔을 때, 그는 제주대학교 행정대학원장이었다. 그는 나를 그의 고향에 초청해 주었다. 그리고 그의 행정대학원에서 강연할 기회를 주었다. 10년 후배는 내 은사들을 통해 연대 시절의 나를 기억하고 있었고, 알고 있었다. 그는 행정학

분야에서 가르치고 있어서 나의 긴 미국 생활을 알고 있었고, 내가 너무 늦게 귀국한 것을 섭섭하게 생각하고 있었다. 그리고 그는 내가 이 나라의 시인인 것을 알고 있었다. 다른 학자들의 글과는 다른 나의 글을 분별하고 있었다.

우리들은 제주에 있는 음식점에서 저녁 식사를 했고 술집으로 갔다. 우리와 동행한 그의 동료 교수가 한 분 있었다. 나보다도 내 후배 때문에 동행했던 그가 또 다른 술집으로 가자고 했다. 그리고 포장마차에도 들렸다. 안주로 자리고비가 나왔다. 자리고비란 말이 있는 섬이 아름답다. 그래서 그 밤이 아름답다. 이젠 내가 묵고 있던 호텔로 가려고 마음을 정했는데 묘령의 여자가 "저분이 고충석 교수가 아니냐?"고 묻는다. 그렇다고 내가 대답했을 때 나는 그녀가 내 후배의 학창시절, 즉 연대 다니던 시절 하숙하던 집의 딸이었음을 알게 되었다. 그녀는 술집을 경영하고 있었고, 술집을 닫고 나오던 길에 내 후배를 발견했던 것이다. 어느 새 새벽 시간이 되었지만 어두운 밤거리에서 그들은 30년 만에 만나게 되었다. 나는 그냥 호텔로 갈 수 없다고 말하며, 닫혀진 그녀의 술집 문을 열고 들어섰다. 그것이 5차의 기록이 된 것이었다. 내가 그들 인연의 끈을 이어준 제3자가 된 것이다. 우리들은 다시 취하며 과거로 가고 있었다. 그러나 우리들은 더 이상 술을 마실 수 없었다. 그래서 밖으로 나왔을 때 조간신문이 배달되고 있었다.

그 새벽에 나는 육군 소위 시절, CPX 훈련 시절의 새벽의 빛을 보았다. 40년의 세월이 의정부와 제주에 흐르고 있었다. 50대 후반 돌아온 나를 진심으로 따뜻하게 맞이해 준 후배에게 나는 지금도 표현하기 어려운 고마움과 사랑을 느끼며 살고 있다. 푸른 바다에 둘러싸인 섬에 살고 있는 친구, 거기 봄 햇살같이 그가 살고 있다.

나는 꽃보다 아름다운 사람을 만나는 행복을 갖고 있다. 부유한 삶을 사는 사람들 속에 돈 많은 사람, 권력을 향유하는 사람, 믿음을 갖고 있는 사람도 있겠지만, 아름다운 사람을 친구로 많이 둔 사람이야말로 제일이라고 말하고 싶다. 나는 내 후배 하나를 제주에 둔 것을 부유하게 생각하고 있다.

내 지상의 삶이 끝날 때까지 제주에서 술에 우정을 담아 마셨던 5차의 술집 여행이 다시 반복되리라고는 생각하지 않는다. 아니 한 번으로 가득하다. 그리고 행복하다. 돌아와 일주일을 비몽사몽 간에 보냈고, 후배에게 전화해 안부를 물었더니 그는 한 달을 비몽사몽간에 보냈다고 한다. 20대 초반 육군 소위 시절의 젊음은 사라졌고 일주일, 한 달의 고통스런 육체가 있었지만 나는 이 세상에서 참으로 잊을 수 없는 하룻밤을 거기 제주에 남겨 두었다. 앞으로 나는 가끔 제주로 날아가 그 밤을 찾아 나설 것이다. 그 새벽빛을 찾아 나설 것이다.

60년대 한국을 떠나기 전에 나는 목포로 가서 배를 타고 제주에 갔었다. 그 포구는 지금 없다. 배에서 내려 첫 발을 육지에 내딛었을 때의 감촉을 잊지 못하듯, 나는 그 밤 5차의 술집행 발길을 잊지 못하고 있다. 서민들의 술집을 전전하며 보낸 밤 길 끝에 온 여명을 오래오래 기억할 것이다. 그리고 친구 따라 5차 행을 함께 한 또 다른 친구를 기억할 것이다. 그 밤에 그가 없었더라면 5차는 아니고 아마 3차로 끝이 났을 것이고, 우리들은 일주일 · 한 달의 고통을 갖지 않았을 것이다. 그가 없었더라면 5차는 없었고, 60년대의 여자도 그 밤에 없었을 것이다. 그리고 그들은 아직도 만나지 못하고 같은 섬 안에 살고 있을 것이다.

나는 가끔 내가 겪었던 사건들을 그냥 적어 놓아도 소설이 된다는 사실을 깨닫게 된다. 소설의 구성도 필요 없는 그런 사실적 소설. 아니 소설적 사실을 좋아한다. 우리들의 평범한 일상 속에 소설을 간직할 수 있다면 얼마나 재미있겠는가? 꾸밈없이 쓰는 수필이 소설이 되는 착각을 갖고 있다.

아름다운 제주엔 환상 속의 하루가 있다.
일생에 그런 하루가 몇 날이나 있을까?
친구야, 말해 보아라.

아름다운 제주

파도가 내 베개에 와서 부서지던
여인숙은 내가 떠난 후 그 여인숙을
난타해 남태평양으로 보냈다.

아름다운 제주

서귀포엔 김광현의 밀감밭과
돌담이 있고, 그의 시편들이 있다.
제주엔 고충석과 그의 친구
그리고 그들 밤 주정 끝에 온

새벽 여명이 있다.
서귀포와 제주엔
1960년대가 놓여 있고
그 위로
바람이 분다.
반짝이는 것은 모두 금이 아니다
반짝이는 것은 밤하늘 별 만이 아니다
반짝이는 것은 섬 위에 떠있는 우리들 우애인 것을

다시 제주를 찾아

서귀포에서 열리는 국제섬학회(International Small Islands Studies Association) 모임에 참석하기 위해 제주도에 갔다. 인천공항에 내려 바로 김포공항으로 가, 거기서 제주행 비행기를 타기는 이번이 처음. 언제나 서울로 들어갔었는데. 피곤한 여로가 끝나기 전에 다시 새로운 여로에 들어선 기분이다.

밤이 늦어 제주대 국제교류회관에서 하룻밤을 자고 이튿날 서귀포로 갔다. 서귀포 비닷기에 있는 제주대 수련원도 호텔보다 좋다. 인적이 드문 한적한 곳에 자리잡고 있기 때문이다. 다음날 한라산 백록담에 오르는 일정이 나를 소년처럼 설레게 했다. 회의가 시작되는 8월 25일 아침, 그 옆의 칼(KAL)호텔로 옮겼다.

제주도는 내게 서귀포이며 한라산이었는데, 백록담 오르기에 여러 번 실패했었다. 영실로부터 윗세오름에 도달하니 백록담 가는 길이 차단되었고, 성판악에서 진달래꽃밭 오름에 오르니 해가 저서 더 오를 수 없었다. 자연보존을 위한 휴식년(안식년)이 하나의

한라산 백록담에서

이유였고, 겨울해가 나무 짧았기 때문이었던 것이 다른 하나의 이유였었다. 한국(남한)에서 제일 높은 산, 그 산의 정상에 있는 백록담, 정지용의 시, 백록담이 바로 거기 있다.

택시로 성판악까지. 거기서 산행이 시작되고 2시간 후에 진달래꽃밭 오름에 도착. 12시. 김밥과 커피 후에 백록담행. 12시 30분. 거기서 백록담에 오르니 2시 30분. 안개비가 내리고 백록담은 안개속에 갇혀 있었다. 그 절망감이라니. 그러나 기적처럼 안개비가 걷히고 여름해가 나오더니 백록담은 신선하게 그의 모습을 들어 내는 것이 아닌가. 와! 함성이 파도처럼 들려온다. 기적은 꿈꾸는 자에게 조용히 온다. 백록담 안에는 물이 한 모퉁이에 고여 있고, 분화구 안에서 살고 있는 식물들이, 야생화가 다가온다. 하얀 노루가 신선과 함께 논다는 백록담에 그들이 마실 물 정도가 고여 있다. 화산석의 제주에는 물이 고이지 않는다. 바로 돌 속으로 물이 스며들기 때문이다.

햇살이 너무 고맙고 따뜻하고 분화구는 식물원 같다. 한 시간 거기 구름처럼 머물다가, 아니 신선처럼 머물다가 하산, 아쉽다. 성판악에 당도하니 밤 7시. 캄캄하다.

국제섬학회. 2년마다 모이는 이 학회가 올해는 서귀포에서, 2년 후에는 발틱해에 있는 덴마크 본함이라는 섬에서 열린다. 필자는 화요일 아침 "섬의 문학"에 관해 강연했다. 필자는 지난해 제주도의 문학작품을 영어로 번역해 한 권의 책으로 내놓았다. 그래서 이 강연을 준비할 수 있었다. 제주도의 문학 속에는 한라산과 바다, 해방 후 4.3폭동이 있는데 지금부터 제임스 미크너(James Michener)의 하와이(Hawaii), 데릭 월코트(Derek Walcott)의 오메로스(Omeros), 허만 멜빌(Herman Melville)의 하얀 고래(백경, Moby Dick), 어니스트 헤밍웨이(Ernest Hemingway)의 바다와 노인(The Old Man and the Sea)으로 부터 새로운 문학을 일으켜야 한다고 나는 제안했다. 하와이는 하와이의 대서사시. 오메로스는 카리브 바다의 섬과 그리스 신화를 엮은 희곡, 백경과 바다와 노인은 바다와 싸우는 어부의 실존주의 사상이다. 제주의 대서사시 속에는 화산폭발로 바다 속에서 솟아오른 용암, 동굴, 탐라도, 고려의 삼별초, 항몽전쟁, 하멜의 표류기, 추사 김정희의 세한도, 한국전쟁의 피난민, 가난한 화가 이중섭의 미국담배 속 은박지 위에 그린 그림, 김광협의 서정시, 제주방언시편, 해녀들이 죽으면 간다는 이어도가 제주도의 문학이 되어야 한다고 주장했다. 물밑의 이어도가 한국

영토임을 제주도의 문학이 입증해야 한다고 문학이 산다는 나의 주장에 토론자로 나온 제주도의 작가 강병철 씨가 동의해 주었다. 과학적 자료가 없을 때 문학작품이나 설화가 이어도를 제주의 섬으로, 한국의 섬으로 지켜줄 것이다. 이어도와 함께 독도를 보전하는 일이 한국인의 사명이 되어 섬학회를 참가하게 되었다.

우리는 모두 섬에 살고 있다. 섬과 섬 사이에 바다가 놓여있다. 그래서 섬은 문학의 땅이 된다.

수요일 오후에 나의 두 번째 강연이 있었다. 2006년 제주도 특별자치법 후의 행정을 논의하는 자리. 필자는 2000년대 초엽에 제주도가 하와이 주정부중심의 행정을 본받으라고 제안한 적이 있는데 그 글이 후일 특별법의 기초가 되었다. 제주재정자립도가 40퍼센트도 안 되는데 어찌 자치가 가능하겠는가? 그러나 제주도의 꿈은 싱가폴, 홍콩같은 세계금융시장의 중심이고 싶어하고 경제발전의 부유한 섬이고자 한다. 지금도 그 꿈을 갖고 있다. 그러기를 바란다. 그러나 현실적으로 어렵다. 거기 모인 분들은 제주도는 제주도의 모델을 만들라는 논평을 하고 있었다. 하와이도 좋지만 제주도는 제주도의 길을 모색해야 한다는 섬학자들의 주장에 귀기울여야 할 것이다. 인구 100만의 제주도를 꿈꾸는 분들에게 우선 충분한 물이 있는가? 묻고 싶다.

서귀포 회의에서 필자는 제주도의 해녀에 관해 많이 듣고 배웠다. 해녀는 제주와 일본 남부해안에서 존재한다. 일본해녀는 제주에서 간 것으로 문화인류학자들은 알고 있다. 가난했던 시대 15세 섬의 소녀들은 물질을 배워서 바다 속에서 전복, 소라를 따와 가족의 생계를 돕고, 나중에 어머니가 되어 아이들의 학자금을 댔는데 이제 그 해녀들이 사라지고 있다. 추운 겨울에도 면으로 된 잠수복 장으로 깊은 바다 속으로 들어가 물질을 하던 여자들이 목숨을 잃었던 슬픈 이야기들이 너무나 많다. 안전장치가 하나도 없었던 시대, 물 속에서 발견한 전복을 더 따려다 목숨을 잃은 해녀들이 하나, 둘이 아니다. 1분 이상 물속에 있을 수 없어서 다시 물위로 나와 숨을 쉬고 들어가면 전복을 놓치기 때문에 그런 불행한 일이 일어났다고 말한다. 사라져가는 해녀를 유네스코(UNESCO) 무형문화재로 등재하기 위해 제주도가 노력하고 있다. 그래서 해녀들을 소재로 한 영화제작도 있고 그 영화 시사회도 있다.

목요일엔 회의장을 빠져 나와 우도를 찾았다. 성산일출봉에서 손에 닿을 듯 바라보이는 섬, 소가 누워있는 형상이라 우도라는 이름을 얻었다. 조선숙종 때 말들의 목장으로 조성되었던 섬이니 200년, 300년 역사를 지니고 있다. 우도8경이 있지만 몇 개의 한국영화가 우도에서 촬영되면서 뜬 섬이란다. 필자에게는 제주대 고충석 총장이 나온 섬이다. 아우같은 친구의 고향이니 그의 유년시대가 있는 섬을 찾아보고 싶었다. 옥색바다가 둘러쌓은 섬, 미역이 발려지고 있는 섬, 그가 다니던 초등학교는 지금 박물관이 되어있었다. 초등학교 운동장엔 지금 몇마리 소와 송아지들이 한가롭게 풀을 뜯고 있었다. 물어 물어서 그의 생가를 찾았더니 폐가가 되어있었고, 무궁화가 문간에서 나를 반기고 있었다. 그가 썼음직한 앉은뱅이 책상과 뒤지가 방안에 놓여 있었다. 그의 문간에서 바라본 언덕과 바다가 그를 키워준 자양이 되었으리라.

금요일 저녁에 우리들의 이별을 아쉬워하는 야외음악회와 제주,

일본 해녀들의 노래와 춤이 있었고 2년 후 덴마크의 섬 회의를 기약했다. 2년 후에도 독도와 이어도가 분쟁의 섬으로 논의되고 있을까. 지금도 해녀들의 노래 "이어도 사나, 이어도 사나"가 후렴처럼 들려오고 있다. 어찌하여 암초일 뿐인 이어도는 제주도 해녀들의 노랫말이 되어 있는가? 섬을 사랑하는 사람들의 문학적 과제가 된다.

제주도는 내가 사랑하는 섬, 백록담과 우도를 예방하고 돌아오니 이번 여행은 더 추억할 만한다. 그 중에 내가 만난 서귀포의 비바리가 그 추억의 한모퉁이를 차지하고 있다. 소녀는 회의장에서 외국학자들에게 한국의 정신과 문화를 담은 책자를 나누어주고 있었다. 그 책자 중에 성웅 이순신이 들어있어서 우리들은 서로의 마음 속에 있는 성웅을 알게 되었는데, 이제 나의 제주도엔 소녀가 하나 들어와 살게 되었다.

금산사, 내장사, 백양사를 찾아서

가을도 아니고, 겨울도 아닌 11월 찬바람 속에 서 있는 단풍나무 숲을 찾아서 내장산 내장사로 산행을 좋아하는 제자들과 함께 떠났다. 새벽 7시 서울을 떠나 정읍으로 가는 천안-논산 고속도로, 거기서 김제 금산사를 들러 태인, 칠보, 순창을 거쳐 내장산으로 가는 길이 되었다. 정읍으로 가는 길이 단풍객으로 막혀 먼 길을 택했다. 그러나 김제 금산사를 보는 기쁨은 단풍 길이 준 예기치 않은 최고의 기쁨이 되었다.

모악산 금산사는 후백제를 세운 견훤이 아들 신검에 의해 유폐되었던 절로 유명하다. 백제 법왕 1년(599)에 창건된 큰 절이지만 신라시대 중건되고, 임진왜란에 소실되어 조선시대에 다시 세워졌지만 3층 미륵전은 백제시대 원형을 유지하고 있다. 쓰러질 듯 서 있는 미륵전, 높은 건물을 지탱해주고 있는 네 모퉁이의 기둥이 지상에서 1층 지붕으로 이어져 있고, 2층 지붕에서 3층 지붕으로 이어지며, 받쳐주고 있지만 강풍에 쓰러질 것만 같다. 대웅전을 바라보고 오른쪽에 서 있으면 오른쪽에 서 있는 미륵전이 이 절의 중심이다. 대웅전은 아담한데 미륵전은 왜 높은 건물로 지어졌을까? 어느 절이나 대웅전이 절의 중심인데, 금산사에서는 미륵전이 역사의 중심에 서 있다. 미륵전이 우리나라 유일의 3층 불전으로 국보 62호. 절의 일주문(대문)에 일중 김충현이 한자로 쓴 "모악산 금산사" 현판이 또한 일품이라 눈여겨 볼만하다.

양산 통도사에 가면 부처님의 사리가 담겨 있어서 대웅전에 불상이 없는데 이 절에선 적멸보궁에 불상이 없다. 창 너머로 부처님의 사리가 모셔져 있기 때문이다.

금산사에서 나와 태인, 칠보, 순창으로 해서 내장산으로 들어갔다. 고추장으로 유명한 순창은 초대 대법원장 가인 김병로의 고향이고, 동학란의 지도자였던 전봉준이 체포된 고장이기도 하다. 순창의 음식점에서 점심식사를 했는데 다슬기 수제비와 김치가 좋았다.

내장산에 가기 위해 추령을 넘어야 하는데 길이 막혀 유군치에 차를 세우고 산을 넘어 내장사로 들어갔다. 내장사로 들어가는 단풍길엔 단풍나무보다 사람들이 더 많았고, 우리 일행은 어렵게 절에 도달했다. 언제 보아도 아담한 절, 초등학교 3학년 봄에 내장산 내장사로 소풍와서 처음 보았던 그 절, 그대로 서 있는 절에 올 때마다 그때 도시락을 함께 나누었던 다람쥐가 생각나고 유년시절이 아리도록 그립다.

내장사 뒤 왼쪽 숲길로 들어서니 산행은 시작. 오후 3시. 일행은 신성봉, 연자봉, 장군봉을 오르기로 했다. 가파른 산길에 쉬어 갈만한 작은 평지도 없다. 숨이 차다. 서너 번 쉬었다 오르며 신성봉(763m)에 오르니 거기서부터 능선을 타고 연자봉, 장군봉을 오르내리는 산행은 편했다. 장군봉에 11월의 저녁은 이미 칠흑 같은 밤이 되어버렸고, 우리들은 보이지 않는 산길을 찾아 하산했다. 길을 잃은 자들이 119에 신고해야 할까 걱정하는데 자동차가 지나는 길이 나온다. 우리들이 차를 두고 떠났던 유군치 근처에 당도한 것이다. 그 시간 빗방울이 떨어지고 우리들은 절묘한 우리들의 하산을 감사했다.

산중가든이란 음식점에서 저녁식사를 즐기고 민박집으로 갔다. 우리만이 아닌 다른 사람들과 함께 하룻밤을 자는 것도 쉽지 않다. 가까운 호텔이나 모텔은 단풍객으로 인해 만원이 되고, 그래서 잠 못드는 민박의 첫날밤을 지냈다. 밤새 가을비가 내렸다. 새벽에도, 아침에도 가을비가 단풍잎과 은행잎을 더 빨갛게, 더 노오랗게 씻어주고 있었다.

백양사로 떠났다. 전라남도 장성 땅의 백양사 또한 백제시대의 절이다. 절로 들어가는 길에 단풍나무가 행렬하고 서 있지만 내장사 단풍만큼 유명하지는 않다. 공평하지는 않다. 그러나 백양사 또한 명찰이다. "하얀 양"이란 절 이름이 인상적이다. 하얀 양 한 마리가 고승의 불법을 들으러 이 절에 왔다는 설화가 이 절 이름을 백암사(하얀돌)로부터 백양사로 개칭했단다. 입구에서 산채비빔밥으로 아침식사를 하고 절에 오르는 길은 일주문을 지나 15분쯤 걸렸을까? 갈참나무들이 서 있고, 길 왼쪽으로 계곡의 물을 담기 위해 보를 만들어 연못이 생겨났다. 2층 누각이 보이고, 절은 왼쪽으로 지어졌는데 절 안에 서니 절 뒤의 산세가 대웅전의 위치를 잡은 듯 했다. 빗속에 불공드리는 불자도 많았다. 절 아래 박물관도 있었고, 호텔도 들어섰으니 백양사 또한 관광객이 쇄도하는 듯하다.

감이 주렁주렁 달린 감나무들을 바라보며 다시 정읍으로 가는 추령에 이르니 길이 막혀 있었다. 우리들은 어제 온 그 길을 거꾸로 가기로 했다. 장승 축제가 단감을 사들고 나왔다. 어느새 가을비는 개이고, 우리들은 서울로 향했다. 서울로 가는 길이 막혀 우리들은 중부고속도로를 탔다. 인파가 무서워 아무데도 갈 수 없다 해도 떠나는 사람들이 고속도로를 가득 메우고 있으니 길은 얼마나 더 필요한가? 조그만 국토에 너무나 많은 인구가 길을 아무리 내도 가득 차게 하는 것 아닐까?

나는 단풍 미인을 꿈속에서 가득 차게 하는 것 아닐까?

청계천과 서울숲, 한강

내가 사는 옥수동에서 서울숲까지 걸어 다니는 기쁨이 서울 사는 재미다. 걸어서 2시간 거리. 이웃에 살고 있는 소설가 정소성 교수가 서울숲에 가는 길을 안내해 준 이후 나는 혼자서, 아니면 친구와 함께 서울숲을 다니고 있다. 한강을 따라, 그리고 중랑천을 건너면 다시 한강을 따라 걷고, 선착장이 나오면 거기서 육교로 올라 서울숲으로 들어간다. 숲으로 들어가면 꽃사슴, 다마사슴, 고라니가 살고 있고 연못엔 잉어가 살고 있고 수초의 숲도 있고 두루미도 날아와 쉬고 있다. 나비의 마을도 있고 식물원도 있고 생태 숲도 있다. 커피를 마실 간이음식점도 있고, 식사를 할 수 있는 음식점도 있다.

연주회를 가질만한 노천극장, 노천강당도 있다. 뚝섬을 서울의 숲으로 만든 이명박 시장과 생명의 숲 국민운동을 칭찬하고 싶다. 한때 뚝섬을 고급아파트로 채우는 계획이 세워졌다.

서울시가 뚝섬을 숲으로 만들겠다고 제안했었을 때 성동구민들은 불만스럽게 받아들이고 있었다. 필자가 숲의 가치가 아파트의 가치보다 훨씬 높을 것을 한양대 세미나에서 설명했을 때 참석했던 구민들은 조용히 듣고 있었다. 나무 한그루, 새 한마리가 사람들에게 주는 경제적 가치를 사람들은 애써 모른체 한다. 나는 그날 폭력적 언어에 시달릴 줄 알았었는데 다행스럽게도 그렇지는 않았다.

시민의 숲, 서울숲은 서울시민, 성동구민들에게 숨쉴 수 있는 공간을 만들어 주었다. 철새들도 날아오고, 나비도 날아오고, 벌들도 날아오는 서울의 숲은 사람들에게도 경제적 가치 이상의 경제적 가치를 준다. 도시민들에게는 빈 공간의 가치가 중요하다. 동양화에 공간이 아름다움이 되는 것처럼 드높다. 서울의 산이 서울시민들에게 축복인 것처럼 한강도 축복이며 중랑천도 축복이다. 한강의 새벽안개나 석양이 서울숲을 이국적인 숲으로 둔갑시키기도 한다.

사실 인간이 자연을 정복하기 전에 서울도 초원과 산으로 되어 있었을 것이다. 초원은 사람들이 사는 도시공간으로 변했고 산기슭 중턱까지 도시 주거 · 생활공간으로 변했다. 그래서 뚝섬의 서울숲도 자연으로 가는 복원의 길이다.

청계천을 찾아 나섰다. 청계천 입구 벽면의 정조행차도 서예작품도, 분수도 볼만했다. 청계천 복원사업은 서울숲보다 훨씬 세상의 이목을 집중시킨 이명박 시장의 큰 공덕이다. 언제 무너질지 모르는 고가도로를 뜯어내고 물이 흐르는 청계천을 상상하기는 쉽지 않다. 그 이유는 청계천은 여름 홍수기 이외엔 건천이기 때문이다. 그래서 가난했던 시절 청계천은 거지들의 땅이었다.

북한산에서 내려오는 물이 광교에서 한강으로 흘러들어가는 것이 자연의 질서인데 한강에서 물을 펌핑해서 광교로 보내 아래로 흐르게 하는 발상은 우선 파격적이다. 강이나 내는 위에서 아래로 흘러야 하는데 아래서 위로 올려서 흐르게 하니 환경주의자들은 반 자연적이라고 이 시장과 청계천 복원사업을 비난하고 있다. 그러나 현대사회에서 그만한 "역류"야 해낼만한 사업이 아닌가 반문하고 싶다. 청계천을 복원하고 물이 흐르지 않는다면 청계천 복원은 그 이미를 잃는 것 아니겠습니까?

서울시는 한강에서 년 900만 톤의 물을 끌어들여 정수해서 청계천에 물이 흐르게 하고 있고, 서울의 지하수 300만 톤을 함께 섞어 내보내고 있다. 물값 시비도 사그라지고 있고, 서울의 도심을 흐르는 물은 서울시민들에게 평화를 주고 있다. 서울이 부유한 나라의 수도가 아니라면 견디기 어려운 비용일테지만 지금 이 정도 "낭비"는 봐줄만하지 않은가.

물은 사람들에게 평안함을 준다. 거기 수초가 살고, 물고기들이 살고, 철새도 날아와 앉는다면 서울시민의 마음은 한결 부드러워진다. 청계천 주변의 도시미화가 다음에 해야 할 서울시의 사업이다. 청계천은 걷고 싶은데 주변은 걷고 싶지 않다면 아직 청계천 사업은 완성된 것이 아니다. 청계천 재개발 사업은 천과 주변의 환경이 일체감을 주어야 한다. 한없이 높은 고층건물로만 들어 설 수는 없을 것이다. 거기에도 정원이 있고 나무들이 있는 공간이 있어야 한다. 걷고 싶은 도시가 있기 바란다. 그 일은 이 시장의 일이 아니라 다음 시장의 몫일 것이다.

노들섬에 오페라 하우스가 들어서는 서울의 꿈이 이루어질지 두고 보아야겠다. 아무쪼록 서울이 아름다운 도시로 변하기 바라며 필자의 시 “한강”을 소개한다.

강원도 오대산에서 발원해 한줄기는 춘천을 거쳐 경기도로, 다른 한줄기는 충주를 거쳐 경기도와 팔당에 모여 서울, 인천을 거쳐 황해로 나가는 강.

514Km의 장강(長江)만큼 긴 역사가 한강을 따라 흘러왔고, 또 흘러갈 것이네. 선사시대 암사동 유적이 있고 고구려의 아차산성이 있고, 백제의 하남 위례성이 있고, 조선의 한양이 강의 하류에 서고, 한양이 서울로 변해 오늘에 이르고 있네. 우리나라의 중심을 흐르는 장강(長江)의 역사 속에 남북 전쟁의 피어린 격전지도 있네. 포성이 멈춘 뒤 한강의 기적은 가난한 나라를 세계 열한 번째 무역국으로 올려놓았고 서울은 올림픽을 개최한 도시가 되었네.

한강은 2천만 인구가 마실 물을 공급하고, 수많은 야생 동물들이 마실 물을 공급하고, 철새들의 도래지를 공급하며 아름다운 꽃들과 식물들의 생명을 지탱해주고, 여름장마는 때때로 무서운 재난을 가져온다.

가뭄에 대비해 댐을 짓고, 전력을 일으키고, 홍수 때 수문을 열어 재난을 줄인다.

상류가 하류가 되고, 하류가 상류가 되어 흐르는 강, 모두가 깨끗한 강을 염원하고 있지만 하수처리장에서 흘러나오는 하수가, 논밭에서 흘러나오는 화학비료, 살충제가 강으로 흘러들어 2급수, 3

급수로 흘러가는 하류, 아직도 우리들의 강이 아닌 강원도 한강, 충청북도 한강, 경기도 한강, 서울 한강, 인천 한강으로 나뉘어져 흐르는 비애의 강.

강은 도와 서울특별시가 있기 1억년 전에 이미 흘렀고, 사람들이 만든 경계선을 무시하면서 지금도 낮은 곳으로 흘러간다. 황해로 흘러간다. 햇빛이 떨어져 빛나는 강으로, 달빛, 별빛이 떨어져 빛나는 강으로 흐르는 자연의 질서를 연안의 사람들은 모른체 한다.

양수리에 살았던 정약용과 정약전은 자연의 질서와 노동의 가치를 알고 있었겠지. 낮은 곳으로 흘러가는 겸손의 미덕을 아는 분들은 유배지에서 목민심서와 물고기들의 생태기를 써 내 놓았다.

모래톱이 만들어낸 뚝섬에 이제 숲이 들어서고 여의도에 국회가 들어서고, 방송국들이 들어서고 노들섬에 오페라 하우스가 들어서는 아름다운 변화를 아는가. 겸제가 그린 한강 팔경(八景)을 보았는가.

임진강을 만나 황해로 들어가는 마지막 여로에 뻘이 생겨 더러워진 강물을 정화해 바다로 내 보내고 뻘 속에 조개류, 낙지류의 보고를 숨기고 있는데 사람들은 말랑말랑한 뻘을 뭍으로 변화 시켰다. 아서라, 뻘밭의 경제적 가치가 농토의 100배가 되는 과학적 사실을 알아라.

한강은 옹달샘에서 시작해서 514Km를 지나 뻘밭에서 끝난다. 바다가 들어왔다 나가는 뻘밭에서 강은 심호흡을 한다. 1억년 그렇게 흘러온 강에 저녁이 오면 우리들은 평화로운 잠을 청한다.

자연은 보전되고
환경은 보호되는
꿈을 꾸면서…

서울, 2006년 11월

지난 7월 거처를 버지니아로 옮긴 후 처음으로 서울을 방문했었다. 11월 하순 서울은 아름다운 가을 도시로 내 기억 속에 각인되었다. 거기 살 땐 못 느꼈던 아름다운 가을이 그 도시에 있었다. 아직도 마지막 단풍잎들이 공중에 떠 있고, 떨어진 은행잎들이 거리를 덮고 있었다.

여름이 끝날 때 서울로 갔다가 12월 크리스마스에 버지니아로 돌아오던 가을학기 속에선 서울의 아름다움을 차마 못 느끼고 살았던가. 은행나무 잎들이 인사동 거리를 환하게 만들어주고 있었다. 저녁 어스름과 대조되는 그 환함. 전통찻집에서 두 제자들과 쌍화차를 마시며 창밖의 세상을 바라보고 있었다.

솔잎이 보료처럼 두터워 가는 버지니아 숲길. 떡갈나무, 자작나무, 참나무, 소나무들이 무성한 버지니아 숲. 서울에는 단풍나무, 은행나무들이 가을의 분위기를 시적인 아름다움으로 유도하고 있었다. 빨간 물이 든 단풍나무, 황금빛 은행나무가 슬픔보다 아름다움을 선사하고 있는 서울.

지난 5, 6년 병석에 계시다 운명한 서예가 일중 김충현 장례식은 그래서 가을 소풍 같았다. 11월 하순은 가을 끝자락을 붙들고 있었다. 날씨는 온화했고, 그를 잃은 가족이나 제자들이 용인묘지까지 와 하관하는 모습을 지켜보는데 나는 그들 모두 가을소풍에 나온 가족으로 착각하고 있었다. 용인 야산에는 단풍나무들이 서 있고 들녘엔 추수가 끝난 여유로움이 깔려있었다. 예술가를 만들고 받쳐주는 힘은 아름다움이라고 생각하며 고인의 하관식을 바라보고 있었다. 관 위에 흙을 덮고 하늘을 바라보니 코발트 빛이 좋았다.

이것을 호상이라고 말한다.

한글의 아름다움. 서예는 한문서예라고 알고 있었을 때 한글의 아름다움을 예술로 승화시킨 소년 서예가, 그가 일중 김충현이고, 찬내 김충현이다. 세종이 반포한 훈민정음, 용비어천가에서 한글의 고체, 궁체를 발전시켜 "우리 글씨 쓰는 법"을 책으로 준비한 소년 서예가를 발견한 위당 정인보. 그 둘의 만남은 일본 식민지시대 암흑을 뚫고 나온 햇빛이었으리라. 소년의 꿈을 천국으로까지 이어간 찬내는 행복한 사람 아니었겠는가.

현대를 사는 우리들은 한글의 아름다움에 관심이 없다. 우리 글씨 쓰는 법에 무심하다. 컴퓨터가 여러 글씨체를 만들어놓고 우리들이 선택하게 한다. 서예가 사라지고 있는 것 같다. 예술이 뒤란으로 사라지고 있다.

서울의 11월. 거기 살고 있는 시민들에게 가을의 아름다움은 눈여겨 보기 전에 사라지고, 겨울이 온다. 그때 아, 벌써 가을이 왔다 갔구나 자각한다. 현대사회의 삶이 더 고급품질이라는 보증은 없다. 그 속에 살고 있으면 사는 일에 묻혀서 세월 가는 줄도 모르고, 우리들이 갖고 있는 것들에도, 우리들의 소중한 이웃들의 가치도 모르고 사는 것 같다. 서울의 가을 저녁이 봄 밤 벚꽃 만개 만큼 아름다운 것인 줄 모르고 내가 살았듯.

그래서 우리들은 가끔 고향을 떠나서 고향을 바라볼 수 있어야 한다. 우리들은 가끔 우리나라를 떠나서 우리나라를 볼 수 있어야 한다. 내 나라 역사를 부끄러워할 줄 아는 사람들은 내 나라 역사의 장함도 알아야 한다. 1960년대 가난한 나라로부터의 탈출을 자랑스럽게, 고맙게 받아드릴 수 있어야 한다. 2000년 역사 중국, 몽고, 만주, 일본, 소련, 미국이라는 이웃과 강대국 사이에 살아남은 조그만 나라에서 우리들은 아주 소중한 것들을 찾아낼 수 있어야 한다.

콜럼비아 대학 출판부에서 나온 『한국의 전통시가(Columbia Anthology of Korean Traditional Poetry)』 서평을 쓰면서 3국시대의 향가(예, 서동요), 고려가사(예, 정읍사, 처용가, 서경별곡, 정과정곡), 조신 시조(예, 황진이의 시조들)를 다시 발견하는 기쁨을 갖게 되었다. 우리들의 고전이 있었기에 현대문학이 존재하는 것 아닐까.

한국 정치가 혼란스러워도, 한국 경제가 불안해도 우리가 쓰고 있는 언어, 글씨의 아름다움, 은행잎과 단풍잎이 수놓는 가을의 거리, 산야, 소중한 이웃들을 보면서 감사하는 마음을 갖게 된다. 우리 사회가 그만큼 포근해지고 따뜻해지는 느낌이다.

이제 초겨울, 밖에 눈이 내릴 것이다. 함박눈이 서울을 순백의 세상으로 바꿔놓을 것이다.

그때 황진이의 "동짓달 기나긴 밤"을 읽는 기쁨을 갖자. 아직 아무도 그런 이름다운 연시를 쓰지 못했으니.

동짓달 기나긴 밤 한 허리를 베어내어
춘풍 이불 아래 서리서리 넣었다가
님 오신 날 밤 굽이굽이 펴리라.

제자들과의 여행

한국대학에서 10년을 가르치다 미국으로 돌아온 나에게 미국친구가 한국에서 가장 좋았던 추억이 무엇이냐고 묻는다.

대학교수 직을 천직으로 알고 살았던 내게 나는 주저없이 "제자들과의 여행"이라고 답한다.

가르치는 일도 제자들과의 지성적인 여행인데 대학 밖으로 나가 주말 산행이라던가, 설악산 행이라던가, 멀리 북경, 상해 · 소주 · 항주 · 향항 · 계림, 태국 · 캄보디아, 싱가폴 · 인도네시아 바탐 섬으로 갔는데 그 여행이 아름다운 추억이 되었다. 먼 여행은 졸업여행이던가, 사은여행이라고 해야 할 것 같다.

석사학위논문을 마치는 제자들이 가족과 함께, 동기생들과 함께, 은사들과 함께 떠난다. 이 여행은 서울시립대 도시과학대학원 방재공학과의 전통이 되었다.

도시과학대학원은 특수대학원으로 분류되는데, 특수대학원은 낮에 일하고 밤에 공부하는 학생들의 대학원이란 뜻이다.

일반대학원은 낮에 공부하는 대학원이고, 전문대학원은 세무대학원이나 디자인 대학원 같은 전문분야를 공부한다는 대학원이다. 미국에는 그냥 대학원인데, 한국에서는 대학원을 계급적으로 분류해 놓았다.

낮에 일하고 밤에 공부하는 학생들을 기죽이게 하는 분류체제이어서 이 분류부터 타파하라고 부르짖었지만 평준화 한다는 교육개혁은 이 제안을 외면했다.

그러나 나와 제자들은 한 번도 기죽어본 적이 없다. 우리들은 남들이 하나 공부만 할 때 일과 공부를 한다는 자부심을 갖고 살았다.

한국적 제도가 우리들을 하나로 만들었는지 모른다. 주말 서울의 산을 다닌 것도 우리들의 특권이었는지 모른다.

북한산, 관악산, 도봉산, 수락산, 청계산, 아차산까지 제자들과 서울의 산을 다녔다. 철원의 고대산, 양평의 용문산, 축령산, 가평의 유명산, 서울 교외의 산들도 우리들의 것이었다. 멀리 정읍 내장산에 오른 추억도 착한 제자들과의 추억이다.

단풍철이어서 내장산 가는 길에 칠보, 순창으로 돌아갔던 추억이 아련하다. 금산사, 내장사, 백양사를 다녀온 주말여행이 가을 단풍을 볼 때마다 금빛으로 내게 올 것이다. 산에 오름은 우리들의 정신과 몸을 신선하게 해 주었다.

고리 원자력 발전소, 울진의 원자력 발전소 견학도 가고 오는 길 1박 2일이 좋았다. 우리들은 일상의 삶을 산문으로, 여행을 시로 생각하면서 살았다. 내가 여행을 좋아해서 제자들에게도 여행이 시가 되었는지 모른다. 주경야독하는 제자들에게도 시적인 활력이 필요하다고 생각했다.

그리고 학위 논문을 마치면 멀리 중국, 동남아까지 우리들의 여로를 연장했다.

우선 중국, 동남아여행은 비싸지 않아서 좋았고, 가까이 있어서 2박 3일, 3박 4일로 다녀올 수 있어서 좋았고, 역사유적 탐방이 좋았다.

언어가 다른 문물을 접하면서 우리의 지성은 그만큼 지평을 확대했다. 캄보디아 여행은 방콕에서부터 자동차로 움직였는데 신작

싱가폴에서 제자들과 함께

로에서 타이어가 터져 길 위에서 수리하는 시간 기다렸고, 나무다리가 끊어져 한 밤 중 나룻배로 강을 건너던 추억이 아련하다. 캄캄한 밤 별빛처럼 아련하다.

조그만 국토가 우리들을 떠나게 했는지 모른다. 가난한 나라들을 돌아보고 와서 우리들은 한국이 성취한 경제발전과 사회변화를 다시 돌아보게 되었고, 더 발전할 수 있는 길을 모색하게 된다.

학문의 발전도 결국 사회발전으로 이어져야 함을 깨우치게 한 여행들이었다.

미국에서도 사제지간이 있지만 은사와 제자 간의 개인적인 관계이고 집단의 개념은 없다. 개인적인 관계라지만 지성적인 관계이고 사적인 관계다.

졸업 후에 추천서를 써달라는 제자들이 있을 뿐이다. 졸업선물로 좋은 음식점에서 아내와 함께 저녁식사를 즐기라는 상품권 정도다.

내게도 인디아나 대학에서 만난 몇 분 은사들이 있지만 그들과 만남은 워싱턴을 방문했었을 적에 우래옥에서 점심대접을 한 것 뿐이다.

내 책 앞에 "이 책을 내 은사, 윌리암 쉬핀(William J. Siffin) 교수에게 바친다"는 헌사가 있었지만 함께 멀리 여행을 하시자는 제안을 한 적이 없다. 따지고 보면 미국의 삶에는 한가함이 없다.

그 은사도 바쁘게 살다 세상을 떠나셨고, 내 삶 또한 그랬으니까. 그것은 비애라고 생각한다. 미국행정학회, 정치학회 모임에서 만나는 기쁨이 다 였으니까.

스승과 제자의 관계, 마지막 10년을 한국에서 보낸 기쁨을 나는 하늘이 내게 준 선물이라고 생각한다. 조국에 돌아가 산 10년은 미국에시 가르친 24년보다 더 의미있고 아름다운 세월이었다고 나는 말하고 싶다.

하루 하루가 제자들과의 여행인 삶을 보내고 왔으니 다시 한번 제자들에게 멀리서 감사할 뿐이다. 길다면 긴 10년이 정말 흘러가는 물처럼 빠르게 가버렸다.

운무 자욱한 정상, 과연 靈山이로구나
—지리산

한국의 명산을 다 가보았는데 아직 지리산에 오르지 못했음이 한이 되어 2008년 3월 큰 맘 먹고 지리산으로 떠났다. 금요일 새벽 서울을 떠나 천안-논산 민자 고속도로를 지나 전주, 남원으로 빠져 달궁, 뱀삿골을 거쳐 노고단에 이르니 오후 1시. (서울에서 지리산까지 최단거리는 대전을 지나 진주로 가는 고속도로를 타고 가다 88고속도로로 들어가 지리산으로 빠지는 코스, 한 시간이 절약된단다.) 간단한 점심을 들고 노고단 정상으로 걸어 올라갔다. 1시간 오르는 길에 층층나무, 야광나무, 철쭉들을 보았고 노고단 정상에 오르니 멀리 천왕봉이 왼쪽 끝으로 아스라하다.

화창한 봄날이지만 산 그늘에 눈이 남아있고 꽃봉오리가 터지고 있는데, 거기서 바라보이는 마을은 평화스럽고 아늑하다. 농가에는 이미 매화, 목련, 벚꽃 등등의 봄꽃들이 만개하여 꽃동네가 되어있었다.

노고단 정상에서 사진을 찍는데 산새소리가 들어와 기념사진으로 손색이 없다. 그 지점에서 천왕봉까지 25.5Km. 종주는 이틀 밤을 꼬박 보내야 하는데 그럴만한 자신이 없으면 종주를 포기하고

지리산 전경

경상도 땅, 산청, 백무동으로 가 하룻밤을 자고 이튿날 아침 일찍 천왕봉으로 오르는 것이 좋다 한다. 그 길은 하룻길이라 하더라. 가장 가파른 길이라 해도 하룻길이라는 말이 나를 그리로 가게했다. 하룻길이라.

산청으로 가는 길에 달궁에 들려 달궁이란 음식점에서 산채비빔밥을 시켜 먹었다. 다른 음식을 주문할 수가 없었다. 그 굽이굽이 산골에서 다른 음식을 시킬 수 있겠는가. 우리 일행이 그 음식점을 독점하고 있었으니 아직 지리산은 제 철이 아닌 듯 했다. 토요일, 일요일은 그래도 한가한 시간이 없다는 음식점 아주머니에게 "여기 어디 궁터가 있느냐" 물으니 "그렇다"고 대답했다. 와! 나는 무심코 던진 말인데. 그래서 이 세상은 늘 예기치 않는 답으로 신기하다. 달궁이란 이름은 서정인의 소설 『달궁』(판소리체로 쓰여진 소설)을 다시 읽어야 하겠다는 결의를 하게 했다. 그래, 다시 오면 달궁부터 가봐야지. 고로쇠나무 물을 숭늉으로 마시고 나오니 세상은 어두워진다. 고로쇠나무 물을 마셔 보았는가? 백제와 신라가 싸우고 있었을 때 패한 백제군이 기진맥진 쓰러져 있었는데 나무에서 나오는 물을 마시고 원기를 회복, 신라와 싸워 승리했다는 전설이 내가 아는 고로쇠나무 수액이다.

거기서 한 시간 밤길로 어두운 경상도 산청으로 들어갔다. 미지의 세상으로 가는 길이 어두우면 두려움이 생긴다. 이 21세기 동네에도 어두움은 공포의 대상이 되는가? 마침내 백무동으로 들어왔는지 불빛이 보이고 "황토방"이라 쓰여진 펜션(민박형 호텔)이 보여 그곳으로 들어가 하룻밤을 머물기로 했다. 밤 10시 반. 긴 하루가 피곤한 몸을 쉬게 한다. 뒷집 민박집 진돗개 두마리가 우리들을 지켜주는지 밤새도록 짖어 댔다.

이튿날 새벽 7시 반, 배낭 속에 물과 과일 몇 개를 넣고 가파른 산행에 나선다. 벌써 숨이 가쁘다. 언덕길로 겨우 10분 남짓 걸어가는데도 그랬다. 지리산 국립공원 입구 표지판이 나온다. 아직 세상은 조용하다. 오르는 길 오른쪽에 큰 계곡이다. 물소리가 크다. 물소리만 들어도 지리산에 온 보람이 있다. 눈이 녹아내리는 물이 유량을 풍부하게 하고 송어 수확을 즐겁게 한다. 음식점마다 송어가 팔딱이고 있다. 1급수에서만 사는 물고기. 겨울을 지난 나무들이 모두 합창을 하고 있는 듯 아침교향곡은 들을 만하다. 돌길로 한참을 오르다 쉬고 있으니 한무리의 등산객들이 우리를 따르고 있다. 그들은 빠른 걸음으로 산을 오르고 있다. 험한 돌길로 1950년대 빨치산들도 저런 잰걸음으로 이동하고 있었겠지. 산길에서 나도 빨치산이 되어 있었다. 한국전쟁 이전이나 이후에도 지리산은 남노당이나 공산당의 거점이었다. 낮에는 대한민국, 밤에는 인민공화국이었다. 아, 지리산. 얼마나 많은 한국인들이 이 산에서 죽어갔는가. 누구를 위해.

참샘에 도달했을 때 시계를 보니 벌써 한 시간이 흘렀다. 약수를 한잔 떠 마시고 길을 재촉하지만 내 발걸음은 느리다. 요즘 느림의 미학이란 말이 있지. 첫 번째 산정에 오르니 해가 뜬다. 소지봉에 가면 그 다음이 장터몫이라니 희망을 가지라는 펜션 주인의 말을 믿고 나는 발걸음을 재촉하지만 걸음은 점점 느려진다. 계속 가파른 길로 들어간다. 고만고만한 산들이 내 눈 높이에 와 있고 바람은 차다. 콜로라도 록키산맥의 산정에서 보는 산맥처럼 지리산도 몇 개의 산맥이 병풍을 두른 듯 서 있다. 산들이 어깨동무를 하고 서 있다. 전라도, 경상도에 걸쳐있는 큰 산맥이다.

마침내 장터몫에 이르렀다. 전라도, 경상도 사람들이 벌린 장터였다니 믿기 어렵다. 이 높은 산정으로 어떻게 상품들을 옮길 수 있었던가. 그러나 산을 돌아가기보다 산정이 전라도, 경상도의 중간지점이라면 여기 장이 섰을 법도 하다. 장이 설 만큼 평지가 있다. 거기엔 산장이 아닌 대피소가 있다. 조난을 당하는 등산객을 위해 세워진 시설이다. 거기서 등산객들은 라면도 끓여먹고 커피도 마시고 휴식을 취하고 있었다. 나는 대피소에 들어가 신발을 벗고 누었다. 잠깐 잠이 들었는지 모른다.

여기까지 왔으니 천왕봉에 올라야 한다는 의무감이 나를 일으켜 세웠다. 1.7Km. 고사목지대를 거쳐 올라가니 운무가 바람에 날리는 눈처럼 하늘을 덮는다. 달나라 표면 같은 황무지가 나오고… 결국 나는 천왕봉에 내 피곤한 두 발을 올려놓았다. 천왕봉에서는 마을도 보이지 않고 오직 산맥들만이 보인다.

천왕봉에서 기념사진 한 장 찍고 하산했다. 빗방울이 떨어지기 시작한다. 하산도 만만치 않았다. 길을 재촉하지만 빗방울은 점점 더 커지고 마음은 급해지기 시작했다. 소지봉에 다다르니 시야가 어두워진다. 이제부터 어둠이 장애물이 된다. 돌길은 미끄럽고, 진흙길 또한 미끄럽다. 몇 번이고 엉덩방아를 찧었다. 참샘에 다다르니 앞을 분간하기 어렵다. 여기서부터 나는 조난을 당했다고 생각하고 있었다. 그러나 119를 누르도록 내 자존심이 허락지 않았다. 그냥 어둠을 헤치고 가다가 쓰러지더라도 나와 일행은 그냥 발걸음을 재촉할 수밖에 다른 길을 생각할 수 없었다. 이미 행군 12시간. 아무도 없는 산 속, 불빛도 없는 산중, 표지판이 백무동 2Km. 안도하면서도 더 이상 어쩔 수 없다는 생각에 결국 119를 눌렀다. 그러나 그 번호는 터지지 않았다. 이제 더 이상 구원의 손길을 기대할 수 없는 한계상황에 이르렀다. 이 협곡에서 아무도 부를 수 없다는 사실을 확인하는 순간 절망보다는 기도, 나를 시험할 수밖에 없었다.

이 시간에 헬리콥터도 올 수 없는데. 온다면 누군가 밝은 손전등을 비춰주어 하산의 길을 안내하리라. 조난을 알릴 수도 없는 처지, 속수무책이다. 일행은 휴대폰의 불빛을 이용해 넘어지며, 무너지며 2시간 안에 마을에 도달할 수 있었다. 마을의 불빛이 보일때 그 안도감이라니. 암담했던 두 시간은 내 인생에서 빼 놓을 수 없는 조난사고의 경험이다. 조난의 원인은 어둠과 비, 산속. 그러나 지옥

극기 훈련을 마치고 나온 병사의 승리감이 우리를 들뜨게 했다. 마침내 황토방에 심신을 뉘였다.

지리산의 여름, 급류에 휩쓸려간 등산객들이 남의 이야기가 아니다. 지리산행은 재난을 의식하면서 준비해야 한다. 대피소가 있다 해도 한정된 대피소다. 믿지 말라. 지리산 천왕봉은 아무나 오를 수 있는 봉우리가 아니다. 한국 근세사의 비극과 원혼들이 산 자를 제물로 찾고 있는 것은 아닌가 몰라.

지리산에 다녀왔더니 제자들이 월출산에 가보았느냐 묻는다. 다음엔 월출산을 기약한다. 아직 오르지 않은 산이 많다.

지리산행에서 얻은 시편들을 여기 옮겨 놓는다.

지리산 1

노고단 정상으로 올라가다
잠시 쉰다
3월의 햇살이 이 정상까지 올라와
층층나무, 야광나무, 철쭉의 기운을 돋우고
줄다람쥐
따뜻해진 바위 위로 오른다
해발 1,200미터 정상에서
내려다보는
강줄기
뱀처럼
기어가고

농부들의 뜰악
목련이 터지는 숨소리가 들린다
눈 녹아 흐르는 물소리가 낭낭하고
새로 우는 산새소리가 청아하다
찌익찍 찌익찍
반야봉, 천왕봉을 넘는 바람도 오늘은 봄날처럼 따뜻하다

지리산 2

운무가 바람에 날리는 눈,
천왕봉을 오르다
하산하는 길은 어두워지더니
갑자기 비가 내리기 시작한다
세상이 점점 캄캄해지더니
한치 앞을 바라볼 수 없는
어둠속으로
무너지며
깨어지며
일곱번 넘어지고
여덟번 일어나며
보이지 않는 돌, 바위, 물, 절벽을
봉사처럼 손으로 만지며, 아니
파충류처럼 기어간다
119도 터지지 않는 심산유곡에서
눈녹아 내리는 찬 물소리를 들으며

죽어가는 사람들,
함부로 조난을 말하지 말라
인간의 조건과 한계를 발설하지 말라
밤이 오면 조난은 언제나 시작되고
새벽은 조난을 당분간 유보할 뿐인 것을
백무동에 닿아 알았노니
나는 반달곰이나 부엉이보다 못한 만물의 영장임을 알았으니
지리산은 영산임에 틀림없다

브라질, 아마존강, 이과수 폭포

일상생활이 산문이라면 여행은 시가 된다. 사람들은 일상생활로부터 떠나고 싶은 욕망이 있다. 여름이 가는 끝자락에서 9월 2일 떠났다 9일 돌아왔다. 이 여행기는 일주일간의 브라질을 시와 산문으로 담고 있다.

워싱턴-아트란타를 거쳐 마이아미 공항에서 브라질 여객기로 마나우스로 떠났다. 아마존강 유역에 위치한 이 도시가 아마존스 주의 수도. 인구 100만이 넘는 도시, 도시외곽에 100만이 산다는 아마존강 유역의 최대도시. 열대의 도시답게 나무들은 아름다운 꽃을 피워내고 있었다. 이 도시에서 하루를 보내면서 적도라는 소품을 얻었다.

적도

적도에 가면 이름모를 나무들이 아름다운 꽃을 피워내고
원주민들은 무심하게 살고 있다. 그러면 꽃나무들은 더 원색적

아마존강 원주민의 환영식

아마존강 원주민의 환영식

인 꽃을 피워내고

방문객은 그 꽃보기를 즐긴다. 적도에 가거든 아름다운 꽃에 맞는 아름다운 이름 하나라도 지어주고 오너라. 적도에 가는 사람들은 모두 시인이 되어 돌아오리라.

이튿날 아침 검은 강(Black River) 상류로 항해, 2시간 끝에 아리아우 수상호텔에 도착, 아마존강의 비경을 보았고 원시적인 인디오 마을을 방문, 그들의 발가벗은 몸과 문신, 가난을 보았다. 젖가슴을 가리지 않은 여자, 추장의 부인과 악수를 나누기는 내 인생의 처음이자 마지막일 것이다. 어린아이들까지 손님을 맞는 그들의 의식과 춤, 음악이 인상적이었다. 저녁식사는 곤충과 함께 했다. 물컵 속으로 언제 들어왔는지 물방개가 들어와 수영하고, 지네같은 곤충들이 밥으로, 음식으로 기어 들어와 함께 식사를 즐기잔다. 인간과 곤충의 공존세계를 관망하고 왔다. 황열병 예방주사를 맞았고, 말라리아 약을 복용하고 있으니 천만다행. 식사 후 "악어사냥"에 나섰다.

20명이 한 조로 카누를 타고 강의 지류로 나갔는데 앞에 조명등을 들고있는 원주민과 끝에 모타를 작동하는 원주민이 타고 있었다. 상상해보아라. 칠흑같은 밤 유령의 강 속으로 들어가는 카누를. 20분쯤, 드디어 강기슭에 악어를 발견하고 맨발로 들어가 악어새끼 한 마리를 들고 나온다. 그가 마술사처럼 보인다. 어디서 악어를 잡아 올리는지. 그의 눈에는 악어의 눈이 빨갛게 보인단다. 그는 우리들에게 악어를 만지게 했다. 우리들은 악어의 보드라운 뱃가죽도 만지게 했고, 부드러운 성기도 만지게 했는데 악어엔 버릴 것이 없다는 그의 설명이 3학점짜리 강의 같았다. 그는 악어의 성이 여자로 기울고 있다고, 악어의 성, 여성화는 지구온난화와 상관관계가 있다는 것이다. 성의 불균형은 생태계의 교란을 가져왔고 악어의 멸종위기를 가져올지 모른다.

악어사냥에서 얻은 시 한 편 소개한다.

악어사냥

악어가 살고 있는 검은 강으로
우리들은 카누를 타고 들어갔다
조명등 하나 켠 원주민은
강기슭을 비춰가며
칠흑같은 강으로 올라가다
마침내 악어의 빨간 눈을 발견하고
물 속으로 걸어 들어가
악어새끼 한 마리를 맨 손으로 잡아왔다
3년생 아마존 강의 파충류가
속수무책으로
우리들 앞에 끌려나와
부드러운 뱃가죽부터
보드라운 성기까지 보여주고
물 속으로 귀환했다
그날 밤하늘엔
명료한 별들이
은하수 속에 빛나고 있었다

그렇게 아름다운 별들을
이 세상 어디에서도 본 적이 없다

우리들의 아마존 강 추억 속에는
언제나 그렇게
아름다운 별들이 빛나고 있을 것이다.

아니면 여자들이 고급백화점에 가서 악어가방을 하나 살 때마다
우리들이 살려준 그 악어가 그 백화점에 다시 살아날 것이다

귀여운 원숭이들과 화려한 앵무새들이 우리들을 영접하고. 하룻밤을 모기와의 전쟁으로 보내고. 이튿날 아침 마나우스로 돌아와 점심식사를 한인음식점에서 들고 공항으로 나가 리오 데 자네이로로 향했다.

리오 데 자네이로, 세계3대 미항의 하나. 그 이름이 초등학교 시절부터 아름다운 이름으로 각인되어 있다. 리오는 포르투갈어로 "1월의 강"이다. 포르투갈 탐험가 곤잘레 코엘호가 1503년 1월 대서양을 건너 과아나바라 만으로 들어왔는데 만을 강으로 알고 그렇게 이름 지었다니 1월의 강이 1월의 만보다 아름다운 발음과 뜻을 담고 있지 않은가. 1960년까지 브라질 수도. 브라질리아로 수도를 옮긴 것이 지금도 잘못된 것이라고 비판한다.

아침 일찍 거대한 예수상이 있는 코코바도산 정상에 톱니바퀴 기차를 타고 올라가 보았다. 리오를 한 눈에 볼 수 있어서 좋았다. 거기서 리오가 아름다운 도시인 것을 다시 확인할 수 있었다. 한려

수도 분위기에 요세미테의 화강암 바위섬이 외해와 내해를 나누어 놓았고, 외해에서 내해로 들어오면서 보이는 풍광이 정일품인 것을 알았다. 해질 무렵 케이블 카를 두 번 갈아타고 슈가로후산(우리말로 설탕빵산) 위에서 리오의 황혼을 바라보았다. 어두워지는 도시의 불빛이 바다 위에 떨어지는 모습 또한 정일품이었다.

리오 데 자네이로, 이름만으로도 시가 되는 도시에서 얻은 소품을 여기 적는다.

리오 데 자네이로

포르투갈 선박이 대서양을 건너와 미지의 강으로 들어섰을 때가 1월이었다

그래서 포르투갈 탐험가는 새 정착지를 "1월의 강"으로 이름 지었다

얼마나 아름다운 1월의 강인가

그러나 그것은 강이 아니라 만이었다.

요세미테 국립공원의 화강암 바위들이 섬으로 떠서 외해와 내해를 분별해놓아 아름다운 미항이 되었다

외해로부터 내해로 들어올 때 보이는 해변의 풍경이 미항을 만들더구나

한려수도가 세계의 미항인 것을 리오 데 자네이로에 와서 알았노라

단지 포르투갈 상인들이 항해하지 못한 바다를 우리들은 한려수도라 이름 지었느니라

우리들의 리오 데 자네이로

그날 밤에 브라질 500년 역사를 삼바춤으로 엮은 공연을 관람했다. 2월의 리오 축제, 카니발 분위기를 짐작하게 했다. 흑인여자들의 각선미, 율동, 근육질의 흑인남자 무용수들의 춤과 노래, 율동이 오직 브라질만의 것이었다. 축구, 삼바춤, 커피가 브라질의 상징이 아닌가. 인디오들의 고난, 노예화, 학살, 흑인들의 노예수입, 투쟁, 해방이 그들의 500년 역사를 구성하고 있었다. 삼바축제가 몰고 오는 퇴폐적인 사회 문제도 있지만 축제는 브라질이 지구상에 있는 한 영원할 것이다.

이튿날 아침 산 파울로를 거쳐 이과수 공항으로 가, 거기서 바로 이과수폭포로 향했다. 이과수폭포 국립공원 경내에 도착하니 이미 오후 4시. 밀림을 뚫고 난 좁은 길로 10분, 마침내 강가에 당도, 거기서 모타 보트로 폭포 밑으로 갔다가 돌아오는 시간은 30분. 물벼락을 맞으며 우리들은 모두 어린아이처럼 위험한 물살을 즐기고 있었다. 폭포가 만들어내는 장엄한 물소리는 바하의 음악처럼 장엄했다. 누군가 나이아가라 폭포가 불쌍했다고 농담한다. 농담이 아니다. 해지는 시간 지상으로 폭포 근처까지 접근해 다시 이과수의 물소리를 보고, 듣고 왔다.

이튿날 아침 일찍 알젠틴 국경 다리를 넘어 이과수폭포로 가서 알젠틴 국립공원 경내로 들어가 협궤열차를 타고 폭포 근처까지

가서 거기서 걸어서 300미터 지점에 폭포. 그 폭포가 더 큰 폭포로 우리 눈에 들어왔다. "악마의 목구멍"이라고 불리는 주 폭포는 아무래도 알젠틴에서 보아야 제 격이다. 장관이다. 포말 사이로 날으는 검은 새들이 이 세상에서 가장 성스러운 미사를 드리고 있었다. 어느 폭포나 단층이 무너져 생기는 것이지만 한국의 폭포는 청아한 물소리를 내고 이과수폭포는 장엄한 물소리를 내고 있다. 수량이 물소리를 좌우하겠지만 폭포의 높이도 물소리의 성량을 좌우하겠지.

이과수폭포

물이 떨어져 만드는 소리가 바하의 음악처럼 장엄하다
포말사이로 날으는 검은새들이 세례를 받고
이 세상에서 가장 아름다운 미사를 드리고 있었다

브라질 땅으로 돌아와 브라질 전통음식점에서 여러 가지 구운 고기와 야채, 과일, 특히 파파야로 점심식사를 나누고 공항으로 나와 산 파울로로 가는 비행기에 탔다. 한인들이 몰려사는 산 파울로에 도착, 한인상가, 일본인상가, 도심지, 산 파울로 대학을 자동차 안에서 보고 한인식당에 들려 마지막 저녁식사를 즐겼다.

내게는 브라질이 특별한 나라로 가고 싶었던 나라. 70년대 중반 브라질 에스피리토 산토 대학의 폴로 드 폴라 교수가 그의 비교문학전공의 대학원생들과 나의 시편들을 번역해 포르투갈어로 번역, 소개한 적이 있기 때문이다. 한 번도 만난 적이 없지만 그와 대학원학생들은 인정으로 그 일을 했다. 한국문학작품이 포르투갈로 번역된 것은 그 것이 처음이다. 지금 같으면 번역원이나 대산재단에서 2000만원 번역지원금을 받을만한 일을 그냥 한 것이다. 세월은 흘렀고, 그가 살아있는지 궁금하다. 그 대학으로 편지를 내고 찾아보고 싶다.

브라질은 환경을 공부한 나같은 이에게 특별한 나라. 아마존강 유역이 지구의 허파역할을 하고 있는 한 우리들은 아마존강 열대우림을 보전해야 한다. 그래서 1992년 유엔환경회의가 리오에서 열렸고 그 회의에서 채택한 "지구적으로 생각하고 지방적으로 행동하기"가 국제적으로 환경정책이 되었다.

브라질 깃발은 녹색이다. 브라질 상징이 녹색이다. 브라질 축구선수들의 유니폼이 녹색이다. 내 시 한 편으로 이 여행기를 끝낸다.

녹색

거대한 아마존 강 유역에는 밀림 녹색 외에는 아무 것도 보이지 않았다
그 속에 사는 인디오들의 발가벗은 나신도, 그들의 문신도, 문명이 닿지 않는 그들의 비애도

얼마나 다행인지 몰랐다.

페루, 영원한 미궁의 비밀

잉카 제국이 사라지고 스페인 제국이 사라지면서 그 자리에 페루, 보리비아, 칠레, 에쿠아돌이란 나라들이 들어섰다. 가까운 친구와 한스여행사가 계획한 페루 10박 11일 여행을 다녀왔다. 고원지대, 산소결핍에 시달리면서 다녀왔지만 한번은 다녀와야 할 땅이었다고 말하며 이 글을 쓴다.

불가사의한 "잃어버린 도시" 마추피추는 잘 알려져 있지만 3,800미터 고원에 있는 거대한 호수 티티카카와 그 호수 속 갈대밭에 살고있는 원시부족; 4,800미터 안데스 산맥(그랜드 캐년보다 2배 더 깊고 높은) 콜카 캐년과 거기 살고 있는 이 세상 최대의 새, 콘돌; 잉카제국의 수도 쿠스코; 페루 제2의 도시, 아레퀴파; 아직도 원시적인 아마존 강 상류 마을; 그리고 태평양과 안데스 산맥 기슭 사이 사막 평원에 그려져 있는 미술, "나스카 선"이 많이 알려져 있지 않다. 그 유적지, 자연과 도시가 오래 여행자의 추억 속에 남아있을 것이다.

잉카는 15세기 안데스 산맥과 태평양 사이 지금 위에 언급한 4개의 나라 거의 모두를 차지한 제국이었다. 스페인이 들어오면서 너무나 쉽게 무너진 제국의 유적으로 잉카의 수도였던 쿠스코에 몇 개의 돌벽, 화장터, 무덤이 남아 있을 뿐이지만 검은 머리카락, 햇빛에 그을린 얼굴, 다정한 눈빛의 사람들과 그들의 짐을 나르던 유마 (낙타류의 조랑말 같은)가 그대로 15세기 잉카의 모습을 추측하게 한다.

지하자원이 가득한 안데스 산맥에서 스페인은 금과 은, 동을 실어 날랐으리라. 지금도 스페인 후예들이 페루와 남미를 지배하고 있지만 원주민들은 가난을 떨치지 못하고 있다. 그동안 모택동을 존경하는 테러리스트들이 난무했고, 해방신학이 오히려 사회질서를 어지럽게 했다. 1990년대 일본계 알버토 후지모리가 대통령직에 오르면서 치안과 법질서를 확립한 공로와 경제발전, 원주민들의 생활향상을 가져왔고 지금 그의 딸 케이코가 다음 대권에 도전하고 있다. 후지모리를 그리워하는 페루인들이 상당히 많다. 누구가 원주민들을 돌보겠는가.

감자와 옥수수가 생산된다 해도 황량한 사막의 분위기가 가난한 나라라는 인상을 떨치기 어렵게 한다.

아마존 강. 우리 일행은 리마에서 비행기로 남쪽 쿠스코를 거쳐 말도나도 공항으로 갔다. 거기서 작은 배로 2시간 하류로 내려가 강 연안의 방가로에서 하룻밤을 지냈다. 브라질 쪽의 아마존 강 연안보다 상류는 문명의 혜택이 크다. 키니네, 마라리아 약이나 주사를 맞지않고 갈 수 있는 강 연안이니 벌레나 곤충에 시달리지 않았다. 방가로 시설이 아마존 강 연안치고 별 다섯개 쯤 되는 호텔이었다. 강 건너 원숭이 섬을 돌아보고 밤에 악어구경도 나섰다. 아마존 강은 언제나 지구의 허파를 생각하게 하며 고마운 생각을 갖게 한다.

마추피추. 그 신비의 유적지를 찾아가는 길은 멀었다. 그러나 그만한 가치가 있었다. 아마존 강을 거슬러 올라 말도낟도 공항으로 나와 쿠스코로 가서 거기서 차편으로 어두워지는 시간 우르밤바로 향했다. 거기서 하룻밤을 자고 이튿날 아침 기차역으로 나가 마추피추로 가는 기차를 탓다. 하루 평균 5,000명의 관광객이 그렇게 기차를 타고 마추피추 아래 기차역까지 간다. 2시간 반 차창으로 보니 우르밤바 강 줄기와 그 연안의 농토가 펼쳐져 있고 우리들은 서로 인사를 나누며 친교의 시간을 가졌다.

마추피추는 기차역에서도 보이지 않았다. 산정에 숨어있는 비밀의 도시는 거기 산정에 오를때까지도 모습을 드러내지 않았다. 마침내 소형버스가 구절 양장을 올라 마지막 정점에 도달했을때 옆얼굴의 일부를 보여준다.

참으로 신비한 지점에 위치한 마추피추. 마추피추는 오래된 봉우리란 뜻. 마추피추는 높은 봉우리. 그 보다는 "새로운 봉우리" 쪽으로 쏠린 도시계획. 새로운 봉우리는 그리 높지 않은 봉우리. 마추피추 쪽에서 바라보면 아담한 건너편 봉우리, "새로운 봉우리"에 달의 신전이 건축되었다. 그 아래 주거지 형태의 돌벽들이 서 있고 지붕은 사라졌다. 풀잎이나 갈대가 지붕이었을테니까. 아래로 계단식 농경지가 거기 살고 있었던 1,000여 명의 양식을 공급하고 있었으리라 추측한다.

어찌하여 잉카가 이 산정에 1,000여 명의 주거지 도시를 만들었는지 자신있게 말할 사람은 없다. 스페인 정복자들이 찾아낼 수 없는 도시는 그래서 신비롭다. 1911년 예일대 사학과 교수가 찾아낸 유적지. 2,800미터 산정에 세운 신전이었을까, 궁전이었을까, 피난처였을까, 전초기지였을까. 아무도 그 답을 모른다. 잉카는 문자가 없었으니까. 아무도 구전의 역사를 기록하지 않았으니까.

아래로 우르밤바 강이 휘돌아 나간다. 물이 가까이 있으니 절경은 사람이 살만한 가치가 있었으리라. 내가 본 캄보디아 앙코르 왓보다 작은 규모이지만 미학적으로 자연과 마을이 하나가 되어있는 신비가 남미 최고의 유적지이며 관광지를 만들어내고 있다.

쿠스코로 나와 페루 남동부 끝에 있는 티티카카 호수로 가기 위해 비행기로 후리아카 공항에 내려서 거기서 육로로 2시간 달려 가서 호수 옆 아담한 호텔에 여장을 풀다. 3,800미터 고지에 호수가 있다니.

그러나 숨이 막힌다. 잠들기 어려운 밤. 호텔 라비에 있는 산소통에 매달려보지만 숨쉬기가 힘들다. 선잠을 자고 났는지 밤을 새웠는지 몽롱하다. 아침, 호수 속에 살고 있는 원시부족을 찾아 배를 탓다. 호수 속에 갈대밭을 만들고 그 위에 갈대 집을 짓고 살고있는 부족. 침략자들을 피해 그들은 호수 속으로 들어갔으리라. 잉카가 사라지고 스페인 침략자들이 들어오고. 그들은 그렇게 오래 물위에서 살았으리라.

갈대밭 사람들이 나와 우리들을 반기고 한국의 동요, 찬송가를 들려주니 감동적이었다. 한국선교사들이 이 갈대밭까지 선교의 영역을 넓히고 있으니 놀랍다.

다시 후리아카 공항으로 나와 페루 제2의 도시 아레퀴파로 향했다. 눈쌓인 산정이 보이는 스페인계 백인들 다수가 살고있는 도시. 오랫만에 편안한 잠을 잤다. 400년된 수녀원과 성당을 방문하고 오래된 거리를 걷다. 그리고나서 콜카 캐년으로 떠났다. 6시간 자동차 거리. 안데스 산맥을 지나며 황량한 사막을 건넌다. 중간에 귀여운 낙타과의 비쿠니들을 보았고 알파카 무리들도 보았다. 낙타라고 보기엔 너무나 귀여운 동물. 오히려 사슴과 비슷하다. 그러나 우리가 아는 사슴은 이 황량한 사막에 어울리지도 않고 살 수도 없겠지. 이 동물들은 최고의 털로 된 스웨터나 외투를 공급한다니 원주민들에게 고마운 동물이 아닌가. 비쿠니는 보호동물로 지정되어 있다니 다행이다.

치바리 유황 온천마을에 여장을 풀고 이튿날 아침 콘돌이 나르는 계곡에 가기위해 새벽 기상, 2시간 버스 여행 끝에 그랜드 캐년보다 더 깊은 계곡에 도착하니 마침 아침 햇살을 받고 고공으로 나르는 콘돌의 떼를 보았다. 두 날개를 펴면 3미터에 이르는 이 지상의 최대의 독수리과 새가 아무도 없는 이 계곡에 살고있는 이유는 묘연하다. 먹을 것 하나 없을 것 같은 이 깊고 높은 계곡에서 이 거대한 새들은 무엇을 추구하는 것일까.

많은 관광객들이 이 새들의 비상을 보기 위해 먼길을 달려왔다.

온 길을 다시 달려 사막과 산맥을 건너고, 버스도 힘들어 쉬어가는 영마루, 비쿠니 무리들을 보고 눈 쌓인 산이 보이는 아레퀴파 공항으로 돌아왔다. 거기서 리마로 돌아왔다.

우리 일행은 다음날 아침 리마 남쪽 바다, 태평양을 보며 먼 나스카를 향해 떠났다. 오늘 밤 정박지는 나스카. 사막이 나오면서 이 세상 최고의 어장이라는 태평양을 바라보며 물개 섬에 들려 갈매기, 물개도 원없이 보고 모래사막 옆에 오아시스에 들려 모래차(모래밭을 달릴 수 있게 만든 자동차)를 달려보고 모래언덕 위에서 아래로 나무판자에 의지해 하강하는 재미도 보았다. 어둠이 내리면서 우리를 태운 버스는 마침네 나스카에 도착, 마지막 여장을 풀다. 이튿날 아침, 유명한 "나스카 선"을 고공에서 보기 위해 경비행기 공항으로 이동, 작은 세스나 기에 나누어 타고 12개의 그림을 찾아 나섰다.

무수히 많은 그림, 특히 20개의 그림이 잘알려져 있는데 우리들은 12개의 그림을 보았다. 선이 100~400미터가 넘는 그림들. 그 중에 나는 벌새를 좋아한다. 예술성이 높고 벌새의 시적 이미지 때문에. 안데스 산맥 기슭과 태평양 사이, 사막에 누군가가 기원전부터 800년까지 거대한 선으로 미술작품을 지상에 그려 놓다니. 왜? 어떻게. 마추피추처럼 답이 없다. 답을 줄 수 있는 사람들은 미이라가 되어 가끔 우리에게 나타난다. 그들은 말이 없고. 그래서 아무도 정확하게 답을 줄 수 없다.

오랜 자동차 여행에 지친 몸을 리마 공항에 부려 놓는다. 밤 새워 우리들을 태운 비행기는 남미 태평양연안을 따라 올라가다 카리브 해, 쿠바 상공을 지나 마이마이 상공을 지나 아침 아트란타 공항에 내려 놓는다. 거기서 다시 워싱턴 덜레스 공항으로 와 내 집에 이르는 10박 11일의 페루 여행은 끝났다. 너무 길게 잡은 여행이라고 생각했는데 리마 북쪽엔 한 발도 디디지 않고 돌아왔으니 아직 나는 페루를 다 보지 못한 건달이 되었다.

페루

잉카제국이 사라진 자리에
페루, 칠레, 보리비아, 에쿠아돌이란 나라
문패가 걸렸다
잉카제국은 몇 개의 돌무더기들을
쿠스코와 마추피추에 남겼는데
아직도 안데스 산맥을 넘는 야마와
햇살에 탄 순박한 원주민 얼굴이
인상적이다
그들은 푸마와 금푸대를 잃어버린채
가난 속을 지나고 있다

페루는
잉카의 한 소년 이름이 스페인어로 쓰여진 듯

스페인은 푸마와 금푸대를 모두 가져갔고
그 자리에 어린 소년의 이름으로 된 나라 문패 하나
달랑
고산지대에
남겨 놓았다

숨이 막힌다

안데스 산맥을 지나며

거대한 독수리는
왜 높고 깊은 협곡을 날고 있을까
낮달이 나온
푸른 하늘
아래
두 개의 거대한 날개 쫙 펴고 날르는
가장 큰 새
이른 아침 햇살을 받고
날개의 이슬을 터는가
3미터 날개의 그림자가
협곡의 산 그림자를 만들고 있다

아, 나는 이제 알겠다
왜 잉카의 원주민들이
이 4,800미터 산정에
올라와 사는가

안데스 산맥을 지나며

설악의 계곡에 온 듯도 하고
서귀포 밀감밭에 온 듯도 하고
아리조나 사막에 온 듯도 하이
아니 달나라에 온 듯도 하이

황량한 고원에서
내가 숨쉬기 어려운 고원에서
한가로히 풀을 뜯고 있는 소들이
여기가
안데스 산맥임을
증명하고 있네
여기 소도 120일간의 고산지대 적응기를 거쳐
편안해졌는가

안데스 산맥을 지나며

흐르지 않는 강
많이 보았네
우기에는 강이 흐르고
건기에는 강 자욱만 남아있는
갈색의 땅
거기 외줄기 철도가 놓여있다
기차는 보이지 않고
목이 긴 귀여운 비쿠니*
몇마리
거기서 젖은 풀을 찾고 있는가
내 눈에는
마른 풀만 견디는
막막한 사막만 보이네

*비쿠니: 낙타류의 작은 짐승. 이 동물의 털이 최고가의 스웨터를 만들고 있다.

갈대밭

티티카카 호수에서

불쌍한 고원지대의 부족들은
침략자에 밀려
호수 속으로 사라져 갔는데
그들은 살아 있었고
지금도 살아 있다

그들을 살려낸 것은 갈대
갈대로 섬을 만들고
갈대로 집을 만들고
물 위에서
물고기를 건져 올리고
갈대밭에서
물병아리를 키우고
기니 픽을 키워
구워 먹으며
살아왔다

잉카제국이 무너지고

스페인 제국이 무너졌어도
그들은 무너지지 않고
갈대밭 제국을 만들어 살고 있다

갈대가 영원한 제국을 만들어주고
있다

나스카 그림

거기 사막에 가면
1500년 전
2000년 전
누군가가
돌바닥에,
산에
20개, 아니 그 이상의 그림을 숨겨 놓았는데
그 그림의 뜻을
알아내라는
천상의 명령이
현대인에게 전달되었다
아직도 아무도 그 그림들의
암호를 풀어내지 못하고 있다
나는 20개의 그림 가운데
벌새를 좋아하는데
지금도

그 새는 사막의 오아시스에 살고 있으니
거기도
2000년 전에
오아시스가 있었다는 암호가 아니겠는가
그렇다면
외계인의 그림은 무슨 암호인가
2000년 전에
거기 오아시스에
지금 우리 눈에는 외계인으로 보인 다수의 사람들이
살고 있었단 뜻이 아니겠는가

선으로만 그린 그림
점과 점으로 이어진 선
이 만든 상형문자
산도 선으로 그려진 상형문자
산맥도 선의 그림 아닌가
하늘도, 땅도, 바다도, 구름도, 사람도, 여자도
비도, 지구도

나스카 문명은
현대인에게
선을 가르치고 있다
선하라

800미터 상공에서
경비행기 창문 밖으로 내다본

지상의 그림
신비의 상현문자

선의
신비

아마존 강

강은
섬을 만들고 간다
섬은
고혹적인 꽃나무들을 키우고
키 큰 나무들의 꼭대기에
새들을 올려놓고
중턱에 원숭이들도 살게 한다
꽃은 향기가 없어도
원색으로
나비들을 유혹하고
원주민들은 악어가 살고있는 강에서
사금을 파내고 있다
강은 섬에게 아무 말도 하지 않았고
아무 것도 가르치지 않았다
눈 쌓인 안데스 산정을 그리워하며
대서양으로 흘러갈 뿐이다
매일 지구의 허파를 만들어내며

잉카의 여자

두가닥 딴 검은 머리칼이 등 뒤로 길게 늘어져 있고
등짐에는 어린아이가 들어있던가
팔려고 만들어진 수공예품이 들어있다

선한 눈빛
햇살에 그을린 적동색 피부
내 사촌같은 여자

한라산 정상에 살고 있는 키작은 소나무,
전나무를 연상케 하는 여자
그녀가 키우는 알파카 털로 짠 스웨터 하나를 팔기위해
하루를 거리에서 보낸다

그녀는 안데스 산맥을 넘는 짐 실은 야마처럼
오늘도 쿠스코 거리를 지나고 있다
천천히, 아주 천천히

사막 여행

한겨울에 사막이나 적도로 떠나 봄이나 여름을 맞는 일은 즐거운 여행이 된다. 겨울에 애리조나 사막을 여행하는 기쁨은 특권이라면 특권이다.

애리조나 사막은 사하라 사막, 고비 사막 같은 모래밭이 아니라 키가 큰 선인장이나 여러 가지 작은 선인장이 성장하고, 건조한 생활 속에 인디언이 살고 있는 땅이다. 연 강우량이 15인치이기 때문에 그 비를 몸 속에 품고 1년을 지탱하는 선인장의 지혜에서 이상기후 속에서도 가뭄을 극복하는 지혜는 배울 만하다. 겨울이 없는 사막에서 살아온 인디언의 지혜에서 고통을 인내하는 지혜 또한 얻을 만하다.

가도가도 끝이 없는 사막에서는 사람도 자동차도 볼 수 없다. 적막함 뿐이다. 비어 있는 땅위에서 크는 사막의 자연을 보면서 이 세상에 나 혼자만 실존함을 느낀다. 명예도, 돈도 사막에 오면 아무것도 아니다. 오직 물이 필요할 뿐이다. 생명력은 물에서 나온다.

물이 없는 천체는 죽음만이 있다. 그 사실을 실감한다. 마음을 비우지 못하는 자들은 사막으로 가야 한다. 사막여행은 지극한 득도의 길이 될 것이다.

멀리 인디언 마을에 불빛이 보이고 밤하늘 별들이 빛나는 사막. 그래서 별을 보는 세계 최대의 첨성대도 애리조나 사막 산 위에 놓여 있다. 백두산, 한라산보다 높은 사막의 산 위에는 별을 관측하는 초대형 망원경들이 있다. 사막의 산은 벌거벗은 산이다. 높이 오르면 한국에서 자라는 소나무들도 있지만 무성한 소나무 숲은 아니다. 그래서 사막은 불모의 산처럼 보인다. 별을 보는 사람들의 마음에 별빛이 돈다. 인디언 마을의 불빛처럼 다정한 것은 없다. 지상의 별빛은 가난한 인디언들의 마을에서 나오는 불빛이다.

그랜드 캐니언

사막에 강이 흐르고 있다. 콜로라도 강, 리오그란데 강이 불모지인 사막을 흐르고 있다. 금방이라도 말라버릴 것 같은 강렬한 태양 아래 사막의 흙 속으로 모두 흡수되어 버릴 것 같은 강이 흘러서 거기에 댐을 만들어 농사를 짓고, 도시가 세워진다. 수력발전으로 전기를 공급한다. 사막을 흐르는 강의 증발은 2% 정도. 강물은 견고한 암석의 계곡을 지난다. 그랜드 캐니언이 거기 있다. 아니 애리조나는 도처에 그랜드 캐니언이 있다. 우리가 알고 있는 그랜드 캐니언은 지극히 작고 깊은 계곡의 일부분일 뿐이다.

후버댐이 1930년대 대공황에서 큰 토목공사로 일자리를 만들고 물과 전기를 공급하면서 미국의 건조한 서부는 새로운 모습으로 변화했다. 그랜드 캐니언 댐은 30년 후에 유타주와 애리조나 주가 만나는 위치에 세워졌다. 기암절벽이 장관을 이루고 있지만 가뭄이 깊어지고 강우량이 줄어들어 서부의 인구증가와 경제발전 도모를 어렵게 했다. 사막에 살려면 선인장과 인디언의 지혜를 배워야 할텐데, 현대사회의 낭비문화로는 서부가 존재하기 어려울 것을 예고하고 있다.

자연으로 돌아갈 수 없는 사람들이 현대인들이다. 그러나 자연으로 돌아갈 수 없으면 우리들은 살 수 없다. 사막에 라스베가스라는 환상적 도시를 세운 것은 결국은 잘못된 문명의 장난이 될 것이다.

인디언들의 유적이 도처에 널려있다. 인디언들의 성지라는 모뉴멘트 계곡(Monument Valley)에 가면 우리는 숙연해진다. 나바호 부족의 성지로 거기서 인디언들을 만난다. 미국 연방정부가 운영하는 국립공원이 아닌 나바호족의 성지. 밖에서 구경하나 안내소에 들어가서 구경하나 똑같은 자연인데 방문객이 안에 들어가서 적선하듯이 입장료를 내고 돌아 나온다. 인디언들은 조용조용 부드럽게 말하는 사람들로 생김새에서 동족임을 느끼게 한다. 또 그들의 전통적 집에 가서 문화체험을 하고 나올 수도 있다고 한다.

인디언들은 절벽 위에 집을 짓고 살았다. 외적의 침입이 없었는데 왜 절벽 위에 집을 짓고 살았는가? 아무도 모른다. 뉴멕시코의 인디언들도 절벽에 구멍을 뚫고 그 속에서 살았다. 아무도 정확한 이유를 모른다. 그래서 문화인류학자들이 필요하다. 인디언들은 백인들이 오기 전에도 사막에서 살았다. 쫓겨서 사막에 온 것이 아니다. 그 척박한 사막에 살았던 이유는 겨울이 없어서 일 것이라고 추측한다. 겨울에 대비해서 살 수 있었던 지혜가 없어서일까? 추운 시베리아에서 온 인디언들이 왜 겨울을 대비해서 집을 짓고 온돌을 놓을 수 없었을까?

과학이 발달했다 해도 인류의 역사엔 수많은 설명할 수 없는 현상이 금광처럼 묻혀져 있다. 그랜드 캐니언의 생성도 학설이 분분하다. 몇 백 만년 침식, 풍화작용이 그렇게 기기묘묘한 계곡을 만들었다고 말하지만 그 이유만으로 그랜드 캐니언이 생성되었을까? 아무도 장담 할 수 없다. 깊은 계곡의 생성, 인디언 원주민의 생활을 아무도 정확하게 설명할 수 없다.

애리조나 사막은 비어 있는 불모의 땅이지만 경이로움으로 가득하다. 키가 큰 선인장(Saguara)이 피워내는 고혹적인 꽃의 아름다움이나 그 안에 집을 짓고 사는 새들을 보면 자연의 경이로움, 생명의 경이로움을 하나 가득 느낄 수 있다. 인디언들은 그 꽃들을 따다가 젤리를 만들어 먹고, 약으로도 제조했다. 새들은 뱀으로부터 자신을 보호하기 위해 가시로 덮인 선인장의 윗부분에 구멍을 뚫고 들어가 살고 있다. 거기에 한국의 다람쥐도 살고 있으니 절벽에 구멍을 내고 그 안에 살았던 인디언들과 크게 다르지 않을 것 같다.

은퇴한 미국인들이 애리조나 사막에 집을 짓고 산다. 애리조나 남부도시 투산(Tucson)에는 은퇴한 백만장자들이 살고 있다. 불모의 산자락에 집을 짓고 사는 백만장자의 집도 멀리서 보면 인디언들의 집으로 보인다. 애리조나 저녁 불빛은 인디언 마을의 불빛이 지배적이기 때문이다. 건조한 땅, 겨울이 없는 땅을 찾아 살러 온 현대의 백만장자들도 결국 인디언들의 삶을 따라가고 있는 것 아닐까? 가뭄이 더 심각해지고 있는 미국 서부에 인간의 도시가 커지고 있다는 사실이 자연에게는 부담이 되겠지만.

애리조나 사막에서

인디언 마을

사막에 비가 오고
무지개가 뜨더라.
사막에 달이 뜨고
별이 뜨더라.
멀리
가난한 인디안 마을의 불빛이

유타 사막-아치(미국립공원)

하늘의 별빛보다 더 빛나더구나.
그 불빛만큼 따스한 것은
이 지상(地上)에는 없다.
사랑하는 이야,
가난한 사람들의 마음만큼
사랑스러움,
따뜻함,
안쓰러움이
어디 있겠는가.

뉴 멕시코 여행기

미국에서 20년을 살았어도 뉴 멕시코에 가 본 적이 없다. 그 옆의 애리조나 주엔 여러 번 다녀올 기회가 있었지만, 그래서 이번 여행이 반가웠다. 뉴 멕시코엔 알바커키, 산타 훼, 2개의 도시가 있다. 미술의 도시로 알려진 산타 훼가 있어서 가보고 싶은 주였다.

사막성 기후가 건조했고, 미국 원주민, 인디언과 스페인의 문화가 공존하고 있는 첫 인상이 좋았다. 하늘은 높고, 파랗다. 호텔 방 베란다에서 바라본 광활한 리오 그란데 평원이 덥고 뜨거웠다. 식물들은 모두 난장이가 되어 있던가 선인장으로 서 있다. 뜨거운 기후, 사막성 기후를 견디기 어려운 모양이다. 그래서 평원은 더 넓게 보이고 하늘은 더 높게 보이는 것 같다. 건물도 빨간 진흙으로 만들어졌다. 인디언들의 건축양식이 그대로 전해지고 있는 듯하다. 사막의 집들이 빨간 진흙이어야 할 것 같다. 인디언들의 지혜가 실용적이며 미학적이다.

저녁은 여행자를 늦게까지 방랑자로 만든다. 새로운 사막의 아름다움을 찾아가다 보면 밤이 오고 칠흑 같은 밤 멀리 인가의 불빛이 별빛처럼 내눈에 들어온다. 밤하늘은 아직도 푸른색을 잃지 않고 있다. 하늘과 평원이 만나는 곳에 하나님은 먹물로 하나의 선을 긋고 계신 것 같다. 하나님은 인디언이라는 생각이 이 사막에서 갖는 첫 번째 느낌이다.

사막의 공기는 뜨겁지만 습도가 거의 없어 뜨거운 줄 모른다. 오히려 신선하다. 햇살은 뜨거운데 바람이 불어와 조금도 불편함을 못 느끼게 하고 있다. 인디언들이 사막에 매료되어 여기에 정착했으리라고 추측한다. 차를 몰아 산타 훼를 찾아간다. 알바커키에서 한 시간 거리. 차창으로 난장이 나무들이 보이고 멀리 산들이 보인다. 흙을 삽질해 놓은 듯한 불모지에 가깝다. 가끔 인디언들의 마을 이름이 나타난다.

산타 훼는 뉴 멕시코의 수도, 그러나 인구 5만의 소도시. 미술의 도시. 미술이 상업이다. 여기엔 다른 상업이 있을 수 없다는 듯 모두 미술상점이다. 아니 미술관이다. 인디언들의 미술, 수공예품도 유명하지만 조지아 오키후가 정착해 그림을 그리던 도시. 오키후가 이 도시를 미술의 도시로 만들어 버렸는지 모른다. 그는 여기 살다가 세상을 떠났지만 아마 오래 이 도시가 그녀의 도시이고, 그래서 미술의 도시라고 기억될 것이다. 그녀는 그녀의 작품을 한 번만 봐도 잊을 수 없게 한다. 마치 마릴린 먼로를 한 번 본 사내아이가 그녀의 이름을 기억하게 만들었듯이. 나는 그것을 마력이라고 말한다.

뉴 멕시코 사막의 아름다움, 인디언들의 집, 빨간 진흙 집, 흙더미 바위산(메이사, 인디언들의 묘지, 아니면 성지… 그런 것들이 다른 화가들을 이리로 불러 모았는지 모른다. 오키후를 오게했듯.)

뉴 저지 주에서 일생을 살다가 은퇴 후 여기 정착해 살고 있는 한 노부부가 노년기에 살기 좋은 도시라고 말한다. 호텔 로비에서 만난 노인은 미술과는 상관없는 분인데 살기 좋다는 말 속에는 생활비가 거의 안들고 건조한 사막성 기후 때문에 노인성 류마티스, 관절염 환자들에 좋다는 뜻이 들어 있다. 뉴 멕시코에 사람들이 모여든 이유도 결핵환자들에게 사막성 기후가 의사보다 약보다도 좋은 인술이었다는 것. 50년 전 만해도 미국에 결핵환자들이 많았다고 그 부부는 전했다.

산타 훼 옆에 타오라는 인디언 마을이 또한 미술가의 마을로 알려져 있고, 로스 알라모스 국립과학연구소가 원자력연구소로 유명한데, 그 연구소보다 그 연구소 옆에 있는 벤더리어 국립공원을 친구들에게 가보라고 권하고 싶다. 인디언들이 살다가 떠나버린 마을이 있는데, 인디언들은 암벽에 구멍을 파고 들어가 살았었다. 거기 암벽엔 구멍을 파기도 쉬운 지질이어서 인디언들이 야생동물들의 침공이나 적들의 침략을 모면히기 좋은 벽 속의 집들을 지어놓았던 것. 스웨덴의 인류고고학자 벤더리아가 발견해서 여기를 벤더리어 국립공원으로 정했다. 치즈 구멍처럼 벽에 구멍이 나있고 관광객들은 사다리를 타고 올라가 구멍 안을 들여다보았다. 작은 규모의 방들이 있었고 물론 가구는 없었다. 자연 속에서 산 인디언들이 가구가 있을리 만무하지만 들여다 보았다.

1.5마일 암벽의 구멍을 파고 들어가 산 인디언들은 그 아래 공회당을 만들어 놓았고, 마을회의를 진행했으리란 상상을 하게 했다.

흙벽을 세워 품위 있는 마을회의장 분위기를 만들어내기도 했다. 나는 거기 오래 앉아 있었다. 그들에게도 공동 관심사가 있었고 진지한 토의도 있었겠지. 왜 그들은 이 천혜의 요새를 떠났을까. 끝없는 질문이 나오지만 명쾌한 답은 하나도 없다. 아직도 타오의 인디언들은 암벽 속에 집을 짓고 산다고 하는데 거기 가보지는 못했다.

"사막이 살아있다"는 영화를 중학생 시절에 단체로 보았다. 그렇다. 사막은 살아있다, 뉴 멕시코 사막에는 겨울에 작은 양의 비가 내리고, 그래서 솔개가 날고 벌새들이 꽃속을 찾아들고 있다. 일분에도 몇 백번 날개를 파닥이는 벌새들이 볼만했다. 그리고 오아시스가 있다. 거기엔 녹색의 나무, 꽃나무들도 자라고 있고, 우물도 있다. 개울도 흐른다. 강이라고 할 수는 없지만 미국인들은 강이라고 부른다. 인디언 마을은 대개 오아시스에 위치하고 있다. 물이 없으면 아무 것도 살 수 없지. 사람보다 먼저 새들이 지구 위에 나타났고, 그 다음에 곤충이 나타났으니 어디에도 사람이 있으면 새들이 있고 곤충이 있는 것이겠지.

그날 밤 산타 훼 전화번호부에서 한국사람 이름을 찾을 수 있어서 한국인들은 어디에 가서도 살 수 있는 강인한 백성들임을 확인했다.

사막을 여행하다 호수가 있다는 표지판을 보고 무작정 그리로 달려갔다. 가도 가도 끝이 없는 사막에서 내가 죽어도 아무도 모를 길이 펼쳐져 있음을 알았다. 신비로운 길이면서 조금은 무서운 길이었다. 조지아 오키후가 그린 소의 하얀 뼈가 강렬한 태양아래 사막의 정물처럼 놓여있는 그림이 생각나. 나도 여기서 죽으면 그렇게 두개골만 하얗게 남을 것 같다. 마침내 리오 그란데 강물이 들어와 호수를 만든, 사해같은 호수를 만났다. 그때 그 감격이라니. 내가 죽음에서 살아난 기분이었다.

뉴 멕시코. 인디언들과 그들의 고적(그래 인디언들도 유적과 고적이 있지). 오키후의 그림, 미술상, 빨간 진흙으로 지은 집. 빈 거대한 공간, 푸른 밤하늘, 칠흑같은 지상의 밤이 언제나 그대로 나를 반겨줄 것 같다.

샌프란시스코 여행기

이 세상에서 가장 아름다운 항구 도시. 미국 안에서도 가장 살기 좋은 도시. 지진만 빼고. 그 도시를 찾았다. 당숙이 이제 노환에 들었고 문병 차 갔다 왔지만 샌프란시스코 지역에 빨간 나무숲(Redwoods)과 요세미테 국립공원을 방문하기 위해서였다.

인생을 한국, 일본, 미국에서 보내신 당숙은 아직도 젊은 마음이다. 마음이 젊어 육신의 노쇠해 감을 인정하려 않으시는 듯 하다. 힐스보로 산중턱 백만장자의 집에 사셔도 죽음의 어두운 빛이 다가서는 것은 막아낼 수가 없다.

다시 샌프란시스코 부두, 금문도를 찾아 나섰다. 부두에 올 때마다 20세기 초 조선이 일본의 식민지가 되어야 한다고 주장한 미국인을 쓰러트린 두 초기 이민자들의 모습이 어른거린다. 두 사람을 변호하라고 교포들이 동부에서 이승만을 불러 왔는데 "내가 기독교인으로서 어떻게 살인자들을 변호하겠느냐"고 법정에 나타나지 않은 몰염치한 후일 초대 대통령 모습도 보인다. 샌프란시스코는 미국 속의 한인역사에 하와이 다음 한인 거주지가 되었다. 거기서 로스앤젤레스, 거기서 멕시코로, 거기서 쿠바로 갔다. 몇 푼 더 벌기 위하여, 더 힘든 노동을 마다 않고 초기 이민자들은 떠돌아다니다 죽어갔다.

금문교는 태평양과 샌프란시스코 만의 경계선이다. 그래서 금문교는 서부 미국의 상징이다. 아시아로부터 미국으로 들어오는 관문이다. 하와이 사탕수수 밭에서 일하다 노동계약이 끝나 미국 본토를 찾아간 곳이 샌프란시스코다. 배가 닿는 도시가 샌프란시스코였으니까.

금문교가 완성되었을 때 저 다리가 20년, 30년 안전할 것인가 묻는 질문에 100년은 아무 걱정 없다고 답한 조셉 스트라우스가 아직도 훌륭한 공학자로 존경받고 있다. 서울의 다리가 붕괴되었을 때 변명이 많았었다. 훌륭한 공학자는 변명이 필요없다.

다리를 건너 산사 리토의 유명한 언덕 위의 음식점에서 점심식사를 나눌 때 나는 백만장자가 된 기분이다. 요트가 떠 있는 만을 내려다보며 금빛 햇살 아래에서 식사하는 사람들은 적어도 백만장자의 식사도 그것보다 나을 리 없다고 생각한다. 샌프란시스코 외출은 그래서 화려했다.

점심식사 후 존 뮤어(John Muir) Redwoods Park를 찾아갔다. 환경정책을 가르치면서 사는 사람들에게 Muir는 가장 친근한 이름이다. 그의 이름을 붙여줄 만큼 Red Wood의 군락지가 거기 있다.

방문객들이 가득 차 주차하기가 어려웠다. 1000년의 Red Wood가 햇빛을 가려서 숲 속은 그늘이었고, 계곡을 흐르는 물소리는 청량제였다. 고온 다습한 동부에서 온 방문객에게 샌프란시스코는 정말 청량제가 아닌가? 여름옷이 아닌 가을 옷이 필요한 신선한 공기, 숲 속에서 한나절 지낸 후 오클랜드로 갔다. 떠나고 싶지 않은 숲.

오클랜드로 가는 길에 버클리 교정을 들러 보았다. 세상의 석학들이 모여 있는 교정, 진보적인 사상의 온상이 버클리 아닌가? 60년대 흑인여자 안젤라 데비스가 내 기억을 지배하고 있는 이유는 무엇인가? 소수민족의 동등권은 아직도 성취되어야 할 목표가 아닌가?

한국일보 San Francisco 송수락 국장, 수필가 이재상과의 저녁식탁에서 이번에 김행자와 내가 편집한 Surfacing Sadness : A Centennial of the Korean-American Literature(Homa&Sekey, 2003)와 한글판 『사진신부』를 놓고 대담하는 기쁨, 이재상 씨와는 10여년 전 방문에서도 만난 후배 문인인데 그가 한국일보 칼럼리스트로 글을 쓰고 있어 송국장과의 만남은 처음이지만 오랜 지기(知己)라는 느낌이었다. 그 자리에 버클리 김경년 교수도 참석해 미국 속의 한국문학과 함께 우리들 인생사도 그만큼 부유해졌다.

『사진신부』와 Surfacing Sadness는 이민 100년을 기념해 나온 최고의 문학서적이 되었다. 200만 한인들 서가에 꽂혀 있어야 할 이 책은 아직도 세상에 알려져 있지 않다. 그래서 편집인은 언론사에 도움을 청한다. 아무리 좋은 책이 나와도 그런 책이 나온 것을 언론사가 독자에게 알려야 하기 때문이다. 이민 1세 시인, 작가들은 미국에서도, 한국에서도 소외당하고, 무시당하고, 경시당하고 있다. 그들 작품을 영어로 옮겨 미국문학의 주류에 접목하는 일, 다른 소수민족 문학과의 비교가 Surfacing Sadness의 간행 목적이다.

샌프란시스코 전차

샌프란시스코 밤의 불빛이 만 위에 떨어지고 있다. 세상에서 가장 아름다운 항구에 나는 서 있다.

이튿날, 샌프란시스코 전차를 타고 언덕을 넘어 어부들의 부두로 갔다. 어린 시절 서울의 전차를 탄 기억을 더듬는다. 하늘 반쯤 닿는 언덕위로 가는 전차가 I left my heart in San Francisco에 있다. 아내는 Cable car라고 해서 하늘로 오르는 전차인줄 알았단다. 노래 속의 전차가 공중 Cable car로 둔갑한 것이다.

부두에서는 Sealion이 떠드는 소리가 요란하다. 그 노래만큼 오해를 자아내는 노래도 없다. "I miss San Francisco"가 더 좋을 제목이다.

Japan Town 고려정에서 점심식사를 한 후 Korean Center에서 신현자 박사와 커피타임을 가졌다. 번역문학가 차학성이 소개한 신박사는 Intercultural Institute of California(IIC) 학장이어서 Surfacing Sadness를 소개하기에 적절했다. 그러나 IIC는 아직 한국학 대학의 모습을 갖추고 있지는 않았다. 신 박사는 한국학의 원대한 꿈을 갖고 있어서 한국문학의 세계화에 공동 관심사를 나누었다. 그녀는 100년 전의 연세대학과 이화여대를 내게 상기시키고 있었다.

연대 선배인 최금산 형이 그리로 왔다. 그는 Golden Gate 공원과 그 안에 있는 아시아 미술박물관을 보여주겠다고 했다. 그러나 거기 도착했을 때 박물관은 시청 옆으로 옮겨졌음을 알았다. San Jose에 사는 선배가 오랜만에 San Francisco에 왔으니 "촌놈"을 면할 수 없다. 그는 우리를 시청 옆에 떨어트리고 갔다. 샌프란시스코의 거부가 된 이종문 씨의 2,000만 달러로 지어진 새 건물 지붕아래 Jong Moon Lee의 아시아 미술기념관이라고 새겨져 있다.

2층에 가서 한국예술품이 들어있는 3개의 방을 돌아보았다. 더 많은 한국예술품이 전시되기를 바라는 마음은 그 박물관이 이종문 씨의 박물관이기 때문일까?

하와이 이민 100주년을 기념해서 한국계 미술관을 조그맣게라도 샌프란시스코에 만들어지기를 바란다. 결국 사람은 가고, 예술은 남는다. 그래, 인생은 짧고, 예술은 길다.

5시에 박물관이 문을 닫아서 우리는 BART를 타고 Milbrae역으로 왔다. BART가 계획의 대 실패작으로 공부했는데 세월이 가면서 성공작으로 평가받고 있는 것은 아닌가? 만을 둘러싸고 있는 도시들을 연결해주는 교통망이 깨끗하고, 편리하다.

이튿날 요세미테(Yosemite) 국립공원으로 갔다. 하룻밤을 시에라 산장에서 자고 오는 계획으로 차를 빌려서 떠났다. 가는 길에 19North를 놓쳐서 100마일쯤 헛걸음을 했다가 다시 120East를 찾아 시간을 낭비했다. 그러나 준사막성지대에 있는 과수원지대에서 복숭아, 사과, 수박, 땅콩, 피스타치오… 등을 사서 차에 실었다. 차만재 선배가 가르치는 Fresno 근처까지 갔으니 한참 다른 길로 들어선 것이다. 물이 얼마나 귀한가를 과수원지대는 알려주고 있다.

요세미테가 가까워지면서 구절양장의 길에 들어섰고, 푸른 산속의 호수를 만나면서 숲 속 길로 60마일을 달려서 국립공원에 닿

요세미테 국립공원

는다. 이미 3시가 넘었으니 Glacier Point로 갔다. 공원입구에서 한 시간여 산 속 길로 가도 가도 끝이 없는 키 큰 직립의 소나무, 전나무 숲이 사진에서처럼 인상적이다. 요세미테 계곡의 신비로움이 있지만 여기 저기 폭포가 있고, 가다가 차를 멈추고 바위와 나무들의 세계를 감상한다. 미술작품의 감상보다 자연의 감상이 얼마나 감동적인가? 빙하지점(Glacier Point)에서 본 자연환경은 장관이다.

구름이 머무는 산정(Cloud Rest), 방원형의 거석(Half Dome), 요세미테 폭포, 호수… 방문객은 떠나기를 아쉬워한다. 신부의 베일(Bridal Veil)폭포에 오니 하단에 무지개가 선다. 요세미테 계곡엔 깨끗한 물이 돌과 바위를 흐르며 내려가고 있다. 눈을 들면 바위산이 경이롭게 서 있다. 화강암을 어느 조각가가 깎아 놓았다 해도 저렇게 경이롭지는 않을 것이다. 해가 질 때까지 거기 앉아 있었다. 시원한 계곡의 물에 발을 담그고 아무 말 없이 우리 둘은 그렇게 앉아 있었다.

Cedar Lodge에 방을 얻어 계곡의 물을 따라 달렸다. 공원 남쪽 입구에서 10마일 거리에 있는 여관엔 요세미테의 아름다움을 보러 온 인파들로 가득찼다. 다음날 아침 다시 계곡으로 들어가 거목의 숲길을 걷다가 샌프란시스코로 나왔다.

토요일 새벽 워싱턴으로 떠나는 비행기에 올랐다. 만이 있고, 만 위에 있는 3개의 다리를 건넜고, 만을 둘러싼 인간의 도시들을 보았고 샌프란시스코의 야경을 만 건너편으로 보았다. 그러나 자연이 살아있는 존 뮤어의 적송 군락지. 바위와 소나무, 전나무의 요세미테를 다녀온 기쁨은 돈으로 살 수 없는 기쁨이다. 그 위에 문인 이재상과 친구들, 연대 선배 최금산 형을 만나 Golden Gate 공원과 이종문 씨 돈으로 세운 아세아 미술박물관 방문은 이번 여행을 부유하게 해 주었다. 그리고 신연자 박사의 한국학 꿈을 엿본 것이 다행이었다.

우리가 머문 San Francisco 호텔에서 본 갯벌과 물이 들어올 때 감춘 갯벌이 오랫동안 내 머리 속을 신선하게 할 것이다. 당숙, 나이 먹는 서글픈 사실 앞에 우리는 모두 운명에 순응해야 함을 조용히 말씀드리고 싶습니다. 마음은 샌프란시스코에 첫발을 내디딜 때와 같은데 육신은 쇠락할 수밖에 없으니, 그것이 자연의, 생명의 도리가 아니겠습니까?

워싱턴, 가볼만한 곳

워싱턴은 한국 친구들이 미국에 오면 들리는 최고의 방문지가 된다. 어느 나라나 그 나라의 수도는 여행자들이 들리는 곳이다. 그러나 워싱턴이라는 도시의 유래를 모르고 지나간다. 워싱턴은 조지 워싱턴의 도시다.

워싱턴이라는 도시이름이 미국 초대 대통령 조지 워싱턴에서 따온 것이며 새 나라의 수도 결정도 조지 워싱턴의 고향으로 정하게 된 것이다. 이 도시의 역사는 그래서 조지 워싱턴으로부터 시작한다. 새 나라의 수도가 이루어지기 전에는 포토맥 강변 억새풀이 자라던 습지였을 뿐이다. 워싱턴이 초대 대통령으로 취임한 도시는 뉴욕시였다. 워싱턴은 아직 존재하지 않았고, 뉴욕은 그 당시 가장 번화한 미국의 도시였으니까.

워싱턴은 포토맥 강을 사이에 두고 있는 버지니아 땅과 메릴랜드 땅을 정사각형으로 차출해 만든 특별시가 되었다. 지금은 버지니아 땅은 사라지고 메릴랜드 땅만 남아 삼각형 모습으로 남아있다. 버지니아 땅이 수도로부터 사라진 이유는 버지니아 땅에 국립 묘지와 펜타곤이 들어섰기 때문이라는 이유도 있지만, 버지니아는 오랫동안 노예를 사고 팔고 있었기 때문에 수도의 체면상 부끄러워 사라졌다는 이유도 있다. 후자는 흑인들이 말하는 이유다.

워싱턴은 백악관과 의회, 대법원, 연방정부 청사들이 들어서 있고, 그 가운데 몰이라 하여 직사각형의 공원이 들어서 있다. 직사각형의 한 끝이 의회이고, 다른 한쪽이 포토맥 강가의 링컨 기념관이다. 그 사이에 스미소니언 박물관이 들어서 있고, 분수대도 있고, 인공호수가 두 개 있다.

그 중심에 조지 워싱턴 기념비가 높이 솟아있고, 그 근처에 백악관이 있다. 한국전 기념비는 링컨 기념관 옆에 있다. 스미소니언 박물관은 하나의 박물관이 아니라 항공우주박물관, 자연사박물관, 민속박물관, 현대미술관, 아세아, 아프리카 미술박물관 등 다양한 박물관, 미술관 총체를 이르는 말이다. 항공우주박물관에 많은 관광객들이 모이지만 식물원도 인기다.

기념관은 미국의 네 대통령들을 기념한 것으로 토마스 제퍼슨 기념관, 아브라함 링컨 기념관, 우드로 윌슨 센터가 있다. 워싱턴은 기념비로 서 있고, 윌슨은 센터로 이름이 다르지만 가장 훌륭한 대통령을 기리기 위한 뜻이 담겨져 있다.

워싱턴은 나라를 세운 국부로써, 제퍼슨은 민주주의와 인간의 동등권을 지성적으로 이해하고 실천한 대통령으로써, 링컨은 남북전쟁을 극복하고 흑인노예를 해방시킨 대통령으로써, 윌슨은 이상주의적 정책으로 세계평화에 공헌한 대통령으로써 미국인들의 기억 속에 위대한 대통령으로 남아있다.

워싱턴을 찾는 분들에게는 몰을 보고 알렉산드리아의 워싱턴 집을 보라고 말하고 싶다. 200년 전 대지주의 집, 가구, 농장을 볼 수 있다. 포토맥 강가의 그의 집 당호는 마운트 버논(Mount Vernon).

워싱턴이 독립군 장군으로써, 대통령직에서 은퇴한 후 삶의 거처로써 그 당시의 가구, 그림, 책들을 볼 수 있고, 그의 묘지도 볼 수 있다. 그 집에서 배를 타고 뉴욕으로 대통령직에 취임하기 위해 떠난 나루터도 볼 수 있다. 그의 집 근처에 조지 메이슨 집이 있다. 1787년 미국의 헌법에 인권 조항(예, 언론, 집회, 결사, 종교의 자유)이 들어있지 않다고 거부한 선각자였고 법률가였던 학자의 집은 마운트 버논(Mount Vernon) 같은 규모는 아니지만 상류층 집이다.

하루, 이틀 여행의 자유가 있다면 제퍼슨의 집을 가보아도 좋다. 워싱턴에서 서남쪽으로 2시간 거리에 있는 그의 집 당호는 몬티 첼로(Monticello). 불어로 '언덕 위의 집' 이라는 뜻이다. 그는 미국독립선언서를 기초했고, 버지니아 대학을 세운 사람이라고 그의 묘비에 적혀 있다. 미국의 3대 대통령이었다는 기록은 없다. 그는 대통령직을 즐기지 못했다고 판단된다.

그의 집 안엔 그 당대의 가구, 그림들이 있고, 그가 설계하고 지은 집과 버지니아 대학이 볼만하다. 그의 집 가는 길에 제5대 대통령 제임스 몬로 대통령 집도 방문할 만하다.

거기서 남쪽으로 3시간 거리에 영국의 식민지 시대 버지니아 총독관저와 의회 건물이 그대로 있고, 그 당시의 거리, 집들이 그대로

서 있는 윌리암스버그(Williamsburg)가 있다. 워싱턴, 제퍼슨이 말 매두고 술 마시던 술집(Kings Inn)도 그대로 있다. 하버드 다음 오래된 대학이자 제퍼슨이 공부한 윌리암 앤드 메리 대학(William and Mary College)이 바로 그 작은 도시에 있다.

그 근처에 영국인들이 미 대륙에 맨 처음 대서양을 건너 와 정착한 제임스 타운(James town)이 있다. 그들이 세운 교회가 있고, 주거지가 기초만 남아 있다.

하루 정도 여유가 있다면 볼티모어로 가라고 말하고 싶다. 거기엔 유명한 에드가 알란 포(Edgar Allan Poe)의 집과 묘지가 있고, 미국 애국가가 쓰여진 맥킨리 요새가 있다.

두 시인의 연고지인데, 프란시스 스캇 키(Francis Scott Key)는 아마추어 시인으로 미국의 애국가 한 편으로 미국역사에 남아 있다. 워싱턴으로부터 한 시간 여 자동차 거리에 있는 항구도시. 포(1809~1849)는 미국의 위대한 시인, 작가, 비평가. 그의 생애는 가난 속에서 어려웠지만 그의 사후 그의 문필가로서의 명성은 타의 추종을 허락하지 않는다.

버지니아 대학 교정의 기숙사에는 포의 방과 우드로 윌슨의 방이 있는데, 포의 방은 비어있고, 윌슨의 방은 현재 쓰여지고 있다. 미국 대통령보다 시인의 품위를 높이 사고 있는 대학의 배려가 볼만하다. 포는 좋은 학생이었지만 가난 때문에 그 대학을 중퇴하고 만다.

그는 시인, 작가, 비평가로, 문예지 편집인으로 살아갔지만 가난을 떨치지 못하고 살았다. 뉴욕, 필라델피아에서 살다가 유년시절을 보낸 볼티모어에 와서 죽음을 당하지만 아직도 그의 사인을 모른다.

그의 문학 작품에서처럼 그는 mysterious하게 죽는다. 그가 살던 집은 흑인가의 모퉁이에 있고, 그의 묘지는 다운타운 교회의 묘지에 있는데, 그의 묘지엔 언제나 꽃이 있고, 술병이 있다. 아름다움, 사랑이 인간을 절망에서 구해 준다는 그의 문학적 사명은 영원할 것이다. 그가 남긴 대표적 시 "갈까마귀(Ravens)"가 볼티모어 미식축구팀의 이름이 되었고, 영원히 회자될 것이다.

프란시스 스캇 키(1779~1848)는 유명한 변호사. 그는 영국 해군이 1812년 볼티모어로 진격해 왔을 때 포화 속에서 시 한 편, '성조기(Star-Spangled Banner)'를 썼다. 그것이 1931년 미국의회에서 애국가로 추인된다.

영국군이 워싱턴으로 진격하기 위해서 볼티모어 항구로 들어와야 하는데, 그 입구에 맥킨리 요새가 있어 거기서 격전 끝에 퇴각한다. 그 후 영국은 미국을 완전히 포기한다. 영국은 그때까지만 해도 미국을 포기하지 않았던 것이다. 그래서 이 요새를 방문할 만하다.

시 한 편으로 유명한 시인이 된 시인들 가운데 한국의 '비목' 시인 한명희가 있고, 당나라 '풍교야박'을 쓴 장계가 있다. 키는 시인인척 하지도 않았지만 미국의 애국가 작사로 저명한 시인이 되었다.

거기서 시간이 있으면 애나폴리스로 가라고 말하고 싶다. 남쪽으로 한 시간 자동차 거리에 있는 영국풍의 고풍스러운 도시엔 메릴랜드 주 지사 관저와 주의회 건물들이 있고, 유명한 해군사관학교가 있다. 영국인들이 미국에 건너 와 세운 도시를 그대로 보전하고 있다.

주마간산 격인 여행안내이지만 그렇게 워싱턴과 가까운 관광지를 보고 가라고 말하고 싶다. 오래 워싱턴에 살면서 한국에서 온 친구들을 안내한 코스이기 때문이다.

포토막 강변의 3월 벚꽃 만개

아이다호 감자꽃

2006년 여름, 아들 결혼이 유타 주 파크 시티(Park City) 산장에서 있어서 결혼식을 마치고 나는 하객들과 함께 북쪽의 옐로우 스톤 국립공원(Yellowstone National Park)과 그랜드 티톤 국립공원(Grand Teton National Park)을 찾아 나섰다.

유타 주는 몰몬 교도들이 세운 주로, 그 주의 수도가 설트 레이크 씨티(Salt Lake City)이다. 소금 호수의 도시라는 뜻. 소금 호수라는 말에 상상력이 느껴진다. 파크 시티는 설트 레이크 씨티에서 한 시간 거리에 있는 스키 휴양지이다. 그곳은 겨울 올림픽 스키장으로 유명하다. 며느리가 될 여자가 선정한 도시로, 그녀나 우리 아들과 아무 연고가 없는 산장이었다. 미국이라는 나라가 아직 세워지기 전 몰몬 교도들은 정통 기독교인들의 박해를 피해 서부 황무지에 당도했다. 그들은 서부의 끝인 여기 바다같이 큰 호수에 닿았던 것이다.

그들은 이곳이 태평양연안이라고 생각하며 정착했다. 호수 위에 갈매기들이 날고 있었으니 그렇게 생각할 만도 하다. 염분농도가 바다염분보다 훨씬 높은 호수였음을 나중에 알게 되었지만 그들은 거기에 정착했다. 지금도 바다갈매기가 날고 있고, 유타 주의 새 이름이 캘리포니아 갈매기이다.

설트 레이크 씨티는 깨끗한 도시이다. 몰몬 교도들의 성지다웠다. 언덕 위에 성지다운 교회가 서 있고, 기념관이 서 있고, 음악당이 서 있다. 교회첨탑엔 십자가대신 금으로 된 천사가 나팔을 불고 있다. 몰몬이 이단이란 근거가 그 천사에 있다. 조셉 스미스 교주가 꿈에 만난 천사의 계시가 이 종교의 시작이었으니까. 가톨릭의 상징은 성모 마리아이고, 개신교의 상징은 십자가이니 종교마다 상징이 다를 수 있고, 십자가의 모양에 따라 러시아 정교회와 다른 기독교가 구별된다. 그래서 종교의 자유가 필요하다. 이단이 용서받을 수 있는 곳이 바로 종교의 자유다.

황무지를 종교의 힘으로 개척한 몰몬 인들에게 남다른 것이 있다. 세계에서 가장 살기 좋은 도시 7개 중의 하나로 뽑힌 이 도시와 몰몬교를 분리해 생각할 수는 없다. 살기 좋은 도시란 좋은 직장이 있고, 좋은 학교, 좋은 환경, 좋은 사람이 산다는 뜻일 것이다.

18세기 길도 없는 서부로 산맥을 넘고 강을 건너 마차로 어린아이들과 함께 이주해 온 100여 명의 개척자들이 오늘의 유타를 있게 했으니, 종교의 힘이 얼마나 큰 것인가를 짐작할 수 있다.

설트 레이크 씨티 근처에는 미국에서 제일 큰 구리광산이 있다. 달나라에서 찍은 지구 사진에 만리장성과 이 구리광산이 나온다니… 파헤친 광산이 산을 이루고 있다. 지금도 땅 밑으로 파내려

가고 있다. 앞으로 300년 더 캘 구리광산이라니 신이 황무지에 내린 선물이다. 인간의 문명발전에 구리만큼 기여한 광물이 있을까.

호수와 광산을 뒤로하고 옐로우 스톤 국립공원을 찾아 나섰다.

유타 주를 넘어 북상하니 아이다호 주가 나온다.

아이다호 주는 미국 최대의 감자생산지이다. 거대한 감자밭이 진한 초록색 들판을 이루고 있다. 그리고 거기 보랏빛 꽃이 피어있었다. 감자는 하지에 나오는 줄 알았는데 여기는 9월, 10월 추수한다니 놀랍다. 추운 지대에서 나오는 감자는 쪄먹는 감자가 아니라 구워먹는 감자인가 보다. 외할머니가 하지감자를 한 소쿠리 캐 머리에 이고 먼 길 오시던 모습, 화덕을 걸고 감자를 쪄 간식으로 주시던 그 모습이 아이다호 감자밭에 출렁이였다. 사랑의 감자가 여기 가득하다. 눈물이 핑 돌았다.

여름 해는 길고, 우리는 아이다호 훨스(Idaho Falls)라는 도시에서 하룻밤을 지냈다. 아이다호 주 가장 큰 도시인 아이다호 훨스는 인구 10만의 작은 도시이다.

스네이크 강은 미국의 강, 서부의 강으로 알려진 강이다. 뱀처럼 굽이굽이 대 평원과 계곡, 협곡, 폭포를 지나 흐르는 아름다운 강이란 의미를 담고 있다. 수량이 많아 관계사업으로 농사를 짓고 목장을 유지한다. 아름다운 강을 따라 맨 처음 여행한 루이스와 크락(Lewis and Clark's expedition)은 미국 제3대 대통령 토마스 제퍼슨의 명령으로 1804년 험난한 야성의 강을 탐험했다고 표현해야 하겠다. 그 당시 의회는 2,500달러 예산을 배정했다. 아직 잘 알려져 있지 않은 미국의 서부 탐험이 시작된 것이다. 미조리주 세인트루이스에서 미조리강을 따라간 탐험은 1805년 11월 오레곤 태평양에서 끝난다. 미조리강, 스네익강, 콜럼비아 강을 따라 그들이 쓴 탐험기가 미국의 서부지리와 원주민의 삶, 환경연구의 큰 발자취가 되었다.

이튿날 아침, 옐로우 스톤 서쪽 입구가 있는 웨스트 옐로우 스톤이란 마을에 도착할 때까지 다시 망망한 감자밭과 폭포, 강을 바라보며 이동했다.

옐로우 스톤 국립공원, 와이오밍, 아이다호, 몬타나 접경의 국립공원은 미국 최초의 국립공원, 고원의 96%는 와이오밍 땅이다. 미국 최초의 국립공원, 세계 국립공원의 효시다. 1872년 미국인들은 이미 자연의 보전에 눈떴다. 경상남도 만한 땅을 인간의 문명이 닿지 못하도록 조치했으니 칭찬할 만하다. 가보고 싶어도 도시로부터 너무 멀리 떨어져 있어 갈 수 없었던 공원에 들어섰을 때 내 감정은 그랜드 캐니언에 들어섰을 때의 감정과 같았다. 아마 키 큰 소나무 숲이 그렇게 만들었나보다. 그러나 곧 이 공원이 다른 공원과 다른 간헐천(Geyser)의 경이로움에 나는 놀라게 된다. 지하수, 온천수가 지상으로 내보내는 수증기와 물, 그리고 지하의 광물질에 따른 다른 빛깔의 물빛, 옥색 물빛, 백색 물빛, 황색 물빛, 형형색색의 물빛과 작고 큰 호수가 만들어 낸 공원은 경이로웠다. 일본에서는 이런 수증기가 나오는 계곡을 "지옥계곡"이라 부르고 있는데 여기서는 오히려 아름다운 들판과 계곡이라고 생각하고 있었다.

공원의 중부, 북부를 돌아보았다. 북부 맘모스 온천(Mammoth

Hot Spring)엔 온천의 지하수가 지상으로 석회암을 끌어내어 단층을 만들고 있었는데 이것이 신이 만든 조각, 미술품이었다.

웨스트 옐로우 스톤으로 나와 하룻밤을 잤다.

이튿날 아침 옐로우스톤 캐년(Yellowstone Canyon)과 거기 있는 두 개의 폭포를 보고 옐로우스톤 호수(Yellowstone Lake)를 찾아 분화구라고 믿기 어려운 거대한 호수를 보았다. 눈 녹은 물보다 지하수가 솟아나 만든 거대한 호수, 이 호수가 스네이크 강과 미조리 강(Missouri River)의 원천이라니 내가 갖은 환경지식이 얼마나 미천한가. 그러고 보니 몬타나에서 텍사스에 이르는 지하수대가 생각난다. 오골로(Ogollo)라는 거대한 지하수의 바다. 현대의 사람들은 그 지하수를 과도하게 퍼내어 써서 지하수를 고갈되게 하고 오염시키고 지반을 무너트리고 있다. 주마다 경쟁적으로 지하수를 꺼내 쓰고 있으니 공동의 노력이 필요하다.

호숫가 호텔에서 점심식사를 한 후 호수를 4분지1쯤 돌고 공원 남쪽 올드 훼이스홀(Old Faithful)이란 곳으로 나왔다. 점심으로 난생 처음 바팔로(소의 일종) 고기 샌드위치를 맛있게 먹었다. 미국 원주민들, 인디언의 주식이다. 소고기보다 부드러운 육질이었다. 백인들이 바팔로를 살육한 이유가 원주민들의 양식을 살육한 이유라고 여긴다. 불쌍한 인디언들의 운명처럼 바팔로도 멸종위기에 몰린 야생동물이 되었다. 내가 먹은 바팔로 고기는 목장에서 사육한 것임을 알린다.

올드 훼이스홀(Old Faithful), 거기엔 옐로우 스톤 국립공원의 상징인 온천수의 분수가 60~70분마다 뿜어 오른다. 1,000여 명의 관광객이 모여 있었다. 자연이 만든 분수대는 관광객을 실망시키지 않았다. 그래서 이름을 올드 훼이스홀로 부친 모양이다. 백 번 들어도 한번 본 것만 하지 않는다는 옛말을 이해할 수 있다. 그림이나 사진에서 본 온천 분수대를 이제 실감할 수 있다.

오고 가는 길에 사슴과 바팔로(소의 일종)가 한가로이 풀을 뜯고 있는 모습이 눈에 선하다. 모두 선한 동물들. 그리고 20년 전 산불이 지나간 자리에 어린 소나무, 자작나무들이 네 키만큼 자라고 있는 모습이 눈에 선하다. 미국과 세계에서 동원된 소방관들이 끌 수 없었던 산불은 10월 첫 눈이 껐다고 알고 있다. 자연발화에서 시작한 산불은 자연진화로 끝났고 이제 거기엔 새 생명들의 축제가 열리고 있다. 사람이 식목한 것처럼 질서정연하게 자라고 있다.

옐로우 스톤 국립공원의 다른 상징인 곰을 한 마리도 못보고 온 것이 못내 아쉽다.

다시 하룻밤을 웨스트 옐로우 스톤에서 지내고 새 아침 공원 남쪽으로 난 출구로 나오니 어느새 그랜드 티톤 국립공원(Grand Teton National Park)이 나온다. 6마일 남쪽. 1929년 국립공원이 되었고, 1950년 공원영토가 오늘의 것으로 확대되었다. 미국의 알프스. 스위스에 온 기분이다. 젝슨 호수(Jackson Lake)에 비춰진 티톤산맥 연봉이 볼만하다. 그 산맥의 정상이 그랜드 티톤인데 불란서어로 '아름다운 여자의 젖꼭지'란 뜻이다. 제니 호수에서 바라본 티톤 정상이 정일품이다. 거기 평원을 젯슨 홀(Jackson Hole)이라 부른다. 티톤 마을은 미 · 러 정상회담도 열렸고, 여름 골프, 겨울 스키가 가능하니 최고의 휴양지로 각광을 받고 있다.

여름철엔 매일 저녁 음악회가 열린다니 하룻밤 묵어갈 만하다.

스네이크 강을 타고 내려오는 뗏목도 보이고 고무선박도 보이는 국도를 타고 다시 설트 레이크 씨티에 도착했을 때는 이미 여름 해도 졌고, 칠흑 같은 서부의 밤이 기다리고 있었다. 밤하늘의 별들이 총명한데 거기 큰 별마다, 2006년 여름 행복했던 유타, 몬타나, 와이오밍, 아이다호의 여행 추억이 감자꽃 속에 잠들어 있다.

강진, 고려청자

필자는 전라남도 작은 포구 강진이 고려청자의 요새라는 사실을 2002년 미국 최고의 동화로 뽑힌 <사금파리 한 조각>을 읽고 나서 알았을 때 놀라지 않을 수 없었다. 그 동화작가 한국인 2세 린다 수 박을 한국에서 열린 문학회의에서 만났을 때 얼마나 반가웠는지 모른다. 강진은 <모란이 피기까지는>을 쓴 김영랑의 고향이고 국보13호 극락전과 보물 벽화가 많이 있는 무위사라는 절이 있는 마을 정도로 알고 있었으니까. 고려의 서울 개성으로 강진의 어린 도공이 고려자기를 나르다가 도적에게 빼앗기고 깨어진 파편 하나를 왕궁으로 들고가 강진의 자기를 알려 성공하는 이야기가 미국의 어린이들이 읽어야 할 동화라고 평가했을 때 필자는 행복했었다. 그만큼 강진의 도자기 전시는 워싱턴을 행복하게 만들었다.

한국 국보 도자기의 80퍼센트가 강진 요에서 나왔다니 강진 청자가 워싱턴에 올만하다. 5월은 모란의 달인데 이제 청자의 달이 될만도 하다. 5월 9~16일 워싱턴 전시가 끝나면 뉴욕, 아트란타, 시카고, 세인트 루이스, 로스앤젤레스 전시로 이어진다니 아무쪼록 성공적이기를 바란다. 신비적인 비색이 미국인의 눈과 마음을 사로잡기 바란다.

고려자기는 물, 하얀 진흙, 빨간 진흙을 장작불로 고도처리해서 구운 그릇이다. 장인의 솜씨가 진흙을 만지고 다져 그릇의 형태를 만들고(주전자, 찻잔, 술병, 제기 등) 그릇 속에 그림을 그려 넣고(구름, 학, 꽃, 대나무 등), 정물을 파 넣기도 하며 물감을 칠하고 유약을 칠해 두번 고도 처리해 화씨 2,500도에 구워내는 작업은 진흙의 성분(예를 들면, 철분, 망간의 함량), 공기, 열기에 따라 신비의 색이 담긴 그릇을 만들어낸다. 고려청자는 그 안에서 고려시대 장인의 사상과 대상을 알아낼 때 더 신비롭다. 그래서 청자에 그려진 구름, 학, 모란, 연꽃을 그냥 보아 넘길 수 없다.

강진이 9세기부터 청자의 중심지로 일어나 15세기까지 전성시대를 이루었다니 사실은 고려시대가 아니라 통일신라시대, 그 이전 백제시대로 올라간다. 장보고의 해상왕국이 완도에 자리 잡고 있었으니 강진이 도자기의 서울이 되었을 것이다.

강진군청이 강진요를 운영하고 지원해서 고려자기의 전성시대를 재현한다고 하니 장인의 정신과 예술혼이 돈벌이와 이윤을 떠나 더 빛나는 결과를 가져올지 두고 기대해야겠다. 오직 예술작품으로서의 자기를 볼 수 있는 기쁨도 오겠다. 완전한 예술가의 자유가 보장된다면 정부지원으로 창작도 발전할 수 있으리라. 중세기의 예술이 다 그렇게 번영했던 것을 우리는 안다.

아무쪼록 고려청자가 한국의 문화유산으로 미국의 도예가들에게 깊은 인상을 주기 바란다. 한국 국보 68호인 구름 학 무늬 매병

이 필자에게 고려자기의 아름다움을 전해주듯 미국인들에게도 전해주기 간절히 바란다. 미국에 살고 있는 한국계 시민들도 한국의 문화유산을 알고 깨우치는 계기가 마련되기를 바란다.

마이애미 여행기

미국 동부의 최남단 도시. 남미의 관문. 그리고 오렌지 밭, 그것들보다 환한 도시. 4월의 햇살은 남도의 보드라운 여자의 마음 같다. 햇살을 먹고 크는 나무들은 윤기가 흐른다. 초록잎들이 부유하고 크게 빛나고 있고 꽃 빛깔은 빨갛고 하얗고 진하다.

한국의 시인 영랑의 아들, 김현철 씨가 사는 도시. 그 친구와 오랫동안 편지로 내왕하다 이번 여행에서 만나기로 했으니 여행은 친구와 더불어 삶을 부유하게 해준다. 4월의 꽃나무처럼 우리들의 우정도 윤기를 얻는다. 그를 처음 만나자마자 헤밍웨이 별장이 있는 키 비스케인으로 가자 했더니 거기 갈 시간은 안되고, 별장이 수리중이라 가도 소용없다고 해 키 비스케인으로 가는 바닷길을 얼마쯤 가다가 돌아섰다. 물은 도시를 미화한다. 그러나 키 비스케인으로 가는 열도는 지구의 아름다움을 하나 더 보여주는 장관이다. 바다는 도시를 출렁이게 한다. 도시에 들어와 있는 바다. 베니스, 리오 데 자네이로, 샌프란시스코, 시드니가 모두 바다가 만든 아름다운 도시가 아닌가.

친구는 꼭 비즈카야(Vizcaya)를 보고 가란다. 미국행정학회 연설을 마치고 오후 1시 그리 멀지 않은 바닷가에 위치한 비즈카야를 찾는다. 햇살은 이튿날도 고혹적이다. 비즈카야는 한 부유한 개인이 1916년 완공한 대 저택이다. 인터네셔널 하베스터(International Harvester) 회사 창립자인 제임스 디어링(James Deering)이 르네상스 시대의 예술작품으로 방을 꾸며 놓았다. 벽의 그림, 천정의 무늬, 긴 의자, 식탁, 시계, 서재… 그리고 정원, 저택의 정면 물속에 선박 모양의 섬을 만들어 놓았다. 조선의 백칸짜리 저택은 비교할 수 없을 정도로 단순하다. 그 집의 구조, 정원의 구성이 인상적이지만 바다를 보고 서있는 그 저택의 위치, 바다 속에 세운 섬이 가히 환상적이다.

자본주의의 매력, 돈의 매력이 보인다. 한 평생 벌어서 그가 추구한 아름다운 저택을 하나의 예술작품으로 남겨놓은 이 저택의 주인은 멋있는 사람이 아니겠는가. 그가 사망하기 전까지 아홉 번의 겨울을 여기서 지냈다고 말한다. 이 저택은 그의 겨울궁전이었으리라. 마이애미는 겨울 별장의 마을이 아닌가. 추운 겨울 북쪽에서 남쪽으로 날아오는 후조처럼 부유한 사람들은 겨울 별장과 여름 저택을 하나씩 갖고 살만하다. 마이애미를 방문하는 한국인들은 이 저택을 보고 가기 바란다. 집 한 채라도 예술품으로 만들어 살 수 있는 여유를 갖기 바란다.

한국인들이 마이애미로 내려와 살기를 주저하지만 겨울에 콘도 하나쯤 가질 만하다. 추운 겨울 여기 와서 바다와 온화한 날씨를 즐기고 다시 북쪽으로 올라갈 수 있다면 여름에서 가을까지 삶의 여유와 윤기가 생기리라. 필자는 아직 그런 여유가 없지만 겨울여행을 이리로 오고 싶다. 은퇴한 노인들의 천국이라고 알려져 있지만 젊은 시절 겨울방학을 여기서 보내고 싶다. 이민의 고달픈 삶을 풀어주는 남도의 바다를 소유한 느낌일 것이기 때문이다.

마이애미가 미국의 영토가 아니라 쿠바의 영토로 착각하는 무지한 미국인들도 있다. 쿠바 난민들의 정착지가 아닌가, 스페인어를 쓰는 남미계 시민들이 다수를 이루고 그들의 문화터전이기 때문이다. 빨간 지붕, 하얀 벽의 집들은 남미의 상징이다. 캘리포니아의 최남단 도시 샌디아고도 스페인풍의 문화, 도시가 있지만 마이애미가 가장 스페인적인 도시가 아닌가 몰라. 시장이나 상인들, 정치적인 집단이 쿠바의 해방을 꿈꾸고 살고 있으니 언젠가 그들의 꿈을 이루리라. 카스트로도 언젠가는 숨을 거두리라, 쿠바와의 거리가 오직 90마일이라니 그들은 조국을 잊을래야 잊을 수 없다. 너무나 가까이 있는 망명객들이 아닌가.

한때는 악어와 습지대, 태풍이 오고 가는 지역으로 알려진 플로리다를 사람이 살기 좋게 만들어 놓았으니 스페인계 미국시민들이 유공자임에 틀림없다. 마치 로스앤젤레스를 한국계 미국시민들이 다시 세워놓은 유공자들인 것과 같다. 백인들이 모두 다 교외로 나가고 다운타운은 흑인들의 폭동으로 황폐해졌을 때 한국이민들이 다시 세워놓은 도시가 로스앤젤레스 아닌가. 소수민족들이 평화롭게 잘 살기 바란다.

플로리다의 스페인적인 인연은 사실 콜럼버스의 신대륙 발견으로 올라갈 수 있다. 그가 스페인 이사벨라 여왕의 지원으로 대서양을 건너왔을 때 처음 닻을 내린 지점은 정확하지 않지만 엘 살바돌이라고 추측하고 있다. 그 후 카리브해안의 섬이나 플로리다는 모두 스페인의 것이 되었다. 스페인과의 전쟁에서 승리하면서 신생 미국은 플로리다를 얻었고, 멕시코와의 전쟁에서 승리하면서 캘리포니아, 텍사스, 아리조나, 뉴 멕시코를 얻었으니 미국은 스페인계 남미 사람들을 홀대할 수는 없다.

여기 바닷가에 서면 언제나 콜럼버스의 꿈을 훔쳐가는 나 자신을 발견한다.

미지의 세계로 항해한 콜럼버스의 용기, 나는 그런 용기를 아직도 갖고 있는가?

1960년대 은전 몇 잎 주머니에 넣고 미국으로 유학했었을 때 용기를 나는 아직도 갖고 있는가? 영랑의 아들은 반체제적인 언론인으로 신문을 발행하고 있다.

마이애미는 어느새 영랑의 아들, 김현철의 도시가 되어버렸다. 그는 언젠가 아버지의 문학을 기리는 영랑문학상을 제정하고 싶어했고, <모란이 피기까지는>과 다른 아버지의 시편들을 번역하고 싶어했다. 강진의 그의 집 후원에 100그루 이상의 모란이 피고 지고 있었다고 그는 회상하고 있었다. 소문에 떠도는 그의 아버지와 그 당대 세계적인 무용가 최승희의 염문과 그 시와는 아무 관계가 없다고 그는 말했다.

다음 마이애미 여행은 꼭 키 비스케인을 가자고 약속했다. 헤밍웨이의 키 비스케인이 내게 "바다와 노인"에 나오는 산디아고를 만나게 해줄 것만 같다.

하와이

하와이는 와이키키 해변, 야자나무들, 파도를 손짓하는 섬사람들의 춤. 그것들이 하나가 되어 아름다운 태평양의 낙원, 아니 지구상의 낙원을 이루고 있다. 이 지구상의 어느 누구나 한 번은 가보고 싶은 섬. 겨울이 없는 섬, 상하의 섬, 그래서 언제나 가보고 싶은 섬. 겨울 속에 살다가 하와이를 찾아가는 여행은 기쁨보다도 더 큰 감동을 준다. 그러나 어느 때나 하와이는 아름다운 섬으로 찾아오는 이를 행복하게 해준다.

하와이 대학을 방문하는 공식일정을 끝내고 나는 나의 하와이를 찾아 나섰다.

한국인들에게 하와이는 그냥 관광지가 아니다. 1903년 조선후기 하와이 사탕수수밭을 찾아 나온 선조들의 섬이기 때문이다. 노예들은 아니었지만 노예노동을 하며 새로운 삶을 시도한 조선인들, 그들이 미국 최초의 한국 이민들이다.

그들의 아픈 꿈과 절망, 향수, 사진결혼이 있는 섬은 필자에게 가슴 뭉클한 감동을 준다. 2003년 하와이 이민 100주년을 기념하는 『떠오르는 슬픔』 문학선을 펴낸 내게 하와이는 1980년대 처음 방문했을 때나 그 후나 감동을 준다.

조선이 망해갈 무렵, 1903년, 1905년 조선인들은 머나먼 하와이를 찾아 배를 탔다. 두만강을 건너 만주에 정착한 조선인들이 있고, 일본 식민지 시절 이전에 일본으로 건너가 새로운 삶을 개척한 조선인들이 있지만 태평양을 건너 새로운 삶을 개척하려는 조선인들은 정말 거대한 모험을 했다고 생각한다. 삼면이 바다로 둘러 쌓였으면서도 바다로 나갈 생각을 못하고 산 선조들을 생각하면 언제 다시 돌아올지 모르는 고향을 떠난 선조들에게 먼저 경의를 표하게 된다. 용기있는 사람들. 그로부터 60년이 지난 1960년대 빈 손으로 한국을 떠난 필자가 김포공항을 떠났었을 때 얼마나 울었던가. 가장 가난하고 작은 나라를 탈출하는 기분도 있었지만 참으로 서러웠다.

1903년, 1905년 제물포를 떠났던 조선인들은 얼마나 울었을까. 얼마나 서러웠을까.

그들이 노예노동을 하면서 일당 65전, 75전을 벌었는데 거기서 독립자금을 내놓았으니 그들이 정말 독립투사가 아니었을까. 그래서 하와이는 이승만과 독립운동의 기념비적인 섬이 되었다. 이승만은 그들이 내놓은 돈으로 독립운동을 할 수 있었고 독립운동의 거점을 만들었다.

서재필이 필라델피아에서 의사로 일하며 독립운동을 펼쳤지만 조선인들이 많이 모여 살았던 하와이에 비하면 개인적인 운동이었다. 이승만은 정치적인 수완이 서재필보다 월등했다고 본다.

한국인들에게, 적어도 필자에게 하와이는 예일대학 신인문학상을 받은 캐시 송의 "사진신부(Picture Bride)"이다, 사진결혼이다. 그녀의 할아버지가 사진 한 장 들고 얼굴도 아직 보지 못한 신부를 하와이에서 맞이하여 첫 날 밤을 맞는, 조금은 떨리는 이야기가 시로 변해 예일대학 문학상을 받았고, 시집으로 나왔다. 그 시집을 주문한 필자의 마음을 아시는가요. 제가 첫 번째 그 시집을 주문했다고 예일대학출판사가 그러더군요. 후일 캐시 송을 만났을 때 우리들의 만남은 그래서 다른 의미를 제게 주었지요. 그녀가 하와이 최고의 시인으로 성숙할 것이라 믿어요.

하와이엔 또 하나의 여류 인사가 하와이의 한국계 시민들을 행복하게 해준다. 웬디 리 그람. 워싱턴의 선물고역위원장을 지낸 웬디 리 그람은 남편 필 그람이 공화당 텍사스 주 상원으로 등장하면서 정치적인 인물이 되었다. 노스웨스턴 대학(Northwestern University)에서 경제학 박사 학위를 받은 웬디는 그녀의 부군보다 더 훌륭한 경제학자였다는 평이다. 필자는 그녀를 워싱턴에서 만났었는데 그녀의 어머니가 하와이에 살고 계셨다.

한국일보 하와이 취재부장 정광원 씨가 나를 그녀의 어머니 집으로 안내해 주었다. 와이아루아, 옛날 조선인들이 일하던 사탕수수밭으로 나를 안내하다가 이 여사의 집을 가리켜 우리는 함께 그 집을 방문했다. 그가 전화로 우리들의 방문을 알려두었다. 바다가 그 집의 정원에까지 들어와 있었다.

고급 주택가, 고급 주택들이 바닷가에 서 있었다. 모래밭도 그 집의 사유재산이었다. 안젤린 이 여사는 품위있는 여자였다. 이 여사는 내가 웬디에 관한 글을 영어와 한국어로 번역했기 때문에 나를 알고 계셨고, 반갑게 맞이해 주셨다.

이 여사는 그녀의 아버지, 어머니에 관해 말씀해 주셨는데 아버지가 사탕수수밭 회사의 부사장까지 올라가셨는데, 그 아버지의 아버지가 처음 노예노동을 했던 그 회사라고 말씀해서 조선인들의 피나는 역사의 산 증인이었다. 1대, 2대, 3대가 살고 있는 하와이. 사탕수수 밭에서 시작한 노동자들의 아들, 딸들이 수직 상승을 하고 있는 이민역사가 눈물겹다. 숙연하다.

창밖을 가리키며 이 지역이 한때 2,000여 명의 한인이 살고, 일했던 땅이라고 가르쳐 주신다. 한인들의 교육열이 그렇게 한인사회 발전의 기초가 되었다고 말씀하신다.

이 여사는 웬디의 비밀 이야기도 하나 들려 주셨는데 여기 공개한다. 백만불짜리 비밀, 웬디가 노스웨스턴 대학에서 공부했을 적에 만난 한 한국유학생이 그녀에게 청혼했는데 그녀가 거절했다는 이야기, 그때 그 한국청년이 "당신이 후일 후회할 텐데" 하면서 떠났다는 이야기. 그런데 이 여사님이 내게 묻는다. "최박사, 내 딸이 후회하고 있을까요?" 나는 그냥 웃고 있었다. 웬디가 결혼을 잘 했다고 어머니는 생각하고 계신듯.

이 여사도 캐시 송을 잘 알고 계셨고, 그녀의 시집, 『사진신부』도 갖고 계셨다. 캐시 송 집안에 관한 말씀도 들려 주셨고, 하와이 대법관 문 판사 집안에 관한 이야기도 들려주셨다. 나오면서 캐시 송 시편 속에 나오는 정경들을 가르쳐 주셔서 마지막 순간까지 교육적인 시간을 가졌다. 이 여사는 그녀의 요리책자를 한 권 내게 선물하면서 웬디에게도 준 책이라고 전한다. 그녀의 어머니로부터 김치 만드는 법을 전수받아 그녀의 아이들에게 전하기 위해 쓴 책자였다. 내개 한 권 있는 귀중한 요리책자, 귀중한 선물이 되었다. 다시 만날 것을 약속하면서 떠났지만 아쉬웠다. 듣고, 또 들어도 모자랄 것 같은 하와이의 이민사.

젊은 이승만이 다녔던 교회에 남대문의 망루가 있었다. 정원에 이승만의 동상이 있었고 일중 김충현이 쓴 서예작품으로 이승만의 이력이 동판에 새겨져 있었다. 이승만이 건국의 아버지라고 쓰신 장인어른의 글씨를 보고 반가웠고 놀라웠다. 나는 그때만 해도 이승만이나 박정희를 좋아하지 않았는데, 지금 돌이켜보면 이승만과 박정희가 한국의 가장 존경받을 지도자가 아닌가 생각한다. 한 분은 건국의 아버지로, 한 분은 나라의 경제를 세워놓은 분으로. 이 교회가 한인들의 첫 번째 교회는 아니란다. 안젤린 이 여사가 어린 시절 그 교회에서 이승만을 주일마다 만났었다고 해서 새로운 감동이 왔다. 그 교회 일대가 한때 한인들의 땅이었다고 하니 그들의 하나된 단결력이 있었다고 보여진다. 교회는 깨끗하게 유지되고 있었고, 한인들의 역사유적으로 오래 간직되어야 할 기념물이라고 여겨진다.

하와이를 일주하면서 서쪽 해안을 지났을 때 캐시 송이 어린 시절 할아버지 무릎에서 재롱을 떨던 그 바닷가 집을 생각하고 있었다. 조가비의 아름다운 결들에 매혹되던 소녀의 바다. 사탕수수 밭이 나왔다. 그 바다가 시인을 만들어 놓았다. 그 바다를 거쳐 북쪽으로 향하면서 50휘트 파도가 몰려오는 석양의 해안(Sunset Beach)을 보았다. 거기 매년 세계 제일의 파도타기 대회가 열리고 있다. 여기에서 내 <파도타기> 시 한 편이 탄생되었다.

하와이는 우리들의 섬. 지구상의 파라다이스이기 전 우리들의 섬이다.

카리브 바다를 찾아서

겨울을 탈출하는 방법으로 적도를 찾아가는 방랑자가 있다. 겨울을 즐기는 사람들은 스키를 타러 눈 쌓인 산을 찾아다닌다. 나는 유람선을 탔다.

7박 8일의 카리브 여행은 마이애미 항구를 출발, 푸에르토리코 산후안, 버진 아일랜드(Virgin Islands)의 중심섬 세인트 토마스(St. Thomas), 그리고 불란서와 네덜란드가 나누어 갖고 있는 세인트 마틴(St. Martin)을 돌아 마이애미로 귀항한다.

20년 전 유람선은 500명이 승선한 제법 큰 선박이었는데, 20년 후 유람선은 3,000명이 승선하는 거대한 선박이 되었고, 그 때는 귀족만 즐기던 유람선으로 남미 대륙 가까이에 있는 앤티가(Antigua), 바베이도스(Barbados) 섬까지 다녔는데, 20년 후에는 보통 사람들이 즐기는 초대형 선박으로 푸에르토리코와 인근 두 섬을 돌아 나온다.

카리브 바다는 그때처럼 흑감색 물감을 풀어놓고 있었다. 유람선은 바다를 깨트리면서 간다. 큰 배만큼 큰 포말을 만들어내며 승객이 잠든 사이에도 항해한다. 망망한 바다를 보며 승객들은 겨울을 빠져나온 자유와 해방을 만끽한다.

크리스토퍼 콜럼버스(Christopher Columbus)가 이 바다를 지나며 일본쯤 온 줄 알았던 착각속의 바다. 지구는 그가 생각했던 것보다 두 배 쯤은 큰 것을 그는 몰랐었다. 그는 오직 대서양만 있는 줄 알았지 그를 가로막고 있었던 대륙 뒤에 태평양이 있는 줄 몰랐었다. 바다는 이어져 있고 그는 인도에 닿을 수 있다는 확신으로 그의 돛단배 처녀 출항 끝에 카리브 섬에 닿는다. 그는 지구가 하나라는 것을 실증적으로 증명한 정복자 징기스칸과 함께 인류사에 남는 큰 탐험가가 되었다.

그의 항해를 지원한 이사벨라 여왕에게 콜럼버스의 처녀 항해를 생각한다. 위대한 인물과 평범한 인물의 차이는 새로운 것을 찾아 나가는 꿈과 신념이 아니겠는가?

우리는 이틀 후에 섬에 닿았다. 푸에르토리코, 스페인어로 '부유한 항구'란다. 그 섬의 수도 산후안에 내렸을 때는 오후 5시. 산후안은 오래된 도시와 새로운 도시로 나뉘어져 있다. 오래된 도시는 스페인 식민지시대 건축물과 도로가 있고, 새로운 도시엔 미국 문화가 들어 있다. 서울의 강북엔 조선 역사가 있고, 강남엔 한국의 역사가 있으면 좋았을 것을 산후안에서 다시 느끼고 있었다. 두 개의 도시가 공존하는 산후안을 돌아보고 밤 10시에 다시 유람선의 내 선실로 돌아왔다.

미국의 스페인과의 전쟁에서 얻은 전리품 속에 푸에르토리코도 있고, 세인트 토마스도 있고, 필리핀도 있고, 미국의 서부가 들어있으며, 1898년 전쟁은 역사적 전쟁이 되었다.

그러나 아직도 미국의 주로 승격도 못했고, 식민지로 남아있는 서러움을 섬사람들은 토로한다. 물론 섬사람들의 민주주의가 제도화되어 있지만 미국의 주가 아닌 독립 국가로 거듭 나기를 바라는 독립주의자도 있다.

한밤 중에 배는 떠나고 우리들은 잠든다. 그리고 새벽에 세인트 토마스에 닿는다.

버진 아일랜드의 서울. 잠든 사이에 우리는 다른 섬에 도착한다. 햇살은 따사하고 사람들 모습은 푸에르토리코와 같다. 스페인어와 영어가 혼용되고 있는 것도 같다. 식물들은 적도에 가까울수록 빨갛고 이쁘다.

이 섬은 카리브 바다의 홍콩이다. 자유항이어서 세금이 없다. 덴마크가 이 섬을 장악하고 있었을 때에도 자유항이었다. 옛 노예 시장의 중심지이기도 했다. 우여곡절 끝에 덴마크가 이 섬을 장악하고 덴마크의 죄수와 창녀들을 들여왔으나 실패하고, 아프리카 흑인들을 잡아와 그들이 개척한 섬이다. 흑인들은 너무나 유순한 사람들. 그들은 이제 갈색으로 변했고, 여전히 유순해 보인다.

20세기 초 미국이 반 강제로 사들인 섬. 덴마크는 팔 수 밖에 없었을 것이다. 이 섬에 갖고 싶은 것은 에메랄드 해변, 그리고 산호섬. 바다 속의 물고기들을 보는 해저 수족관에 갔다가 왔다. 이곳은 산호도 유명하지만 미국 동화의 보물섬이 바로 이 섬이다. 한 때는 해적들의 섬이었을 것이다. 로버트 루이스 스티븐슨이 쓴 『보물섬』은 불멸의 해적 이야기가 아닌가?

밀집된 100여 개의 상가에는 관광객들로 만원이었다. 온화한 날씨를 찾아온 관광객들은 다이아몬드부터 술까지 겁 없이 산다. 세금이 없으니 관광객들은 돈쓰는 재미로 찾아온다.

저녁에 승객들은 유람선으로 돌아왔다. 유람선이 정박한 항구 바로 옆에도 상가가 즐비하다. 20년 전에는 어린 아이들이 진주 목걸이를 들고 와 사달라고 졸랐는데 그 자리에 이젠 상가가 들어섰다.

그냥 오기 섭섭해서 술 두병을 사들고 나왔다.

밤이 되어 배는 떠나고, 새벽에 세인트 마틴에 도착한다. 조그만 섬에 두 개의 나라가 들어선 섬. 북부는 불란서 영토, 남부는 네덜란드 영토. 언어가 다르다. 그러나 영어가 사용되고 있다. 섬의 남북을 구경하고 다녔다.

유명한 배우, 가수들의 별장이 이 섬에도 가득하다. 재클린 케네디 오나시스의 별장이 아직 팔리지 않고 있단다. 이곳은 물이 귀해서 바닷물에서 소금을 제거하는 공장이 가동되고 있다. 새로운 산업이 물이다. 한국의 섬들도 바닷물을 마실 수 있는 물로 전환하는 산업을 이미 시작했지만 더 적은 비용으로 더 많은 성취를 해야 한다.

네덜란드 영토의 전통 시장에 가서 망고와 바나나를 사 먹었는데 망고 하나에 미국 돈 5달러이니 제법 비싸다. 그 시장 입구에

<시장>이란 시가 돌에 새겨져 있는 것이 인상적이다. 조선의 5일장 분위기를 연상케 하는 시편 하나 읽고 그 섬을 떠났다. 생산자와 소비자가 되어 자유롭게 흥정하고 사고파는 자유 시장, 그 속에 인정이 있다는 시편 하나가 나를 매혹하고 있었다.

다시 마이애미로 귀향하는 선박에서 세 끼 먹는 일과 갑판을 걷는 일, 심심하면 한증막에 가서 땀을 내고, 가끔 낮잠도 즐겼던 카리브 바다의 추억이 이제 아련하다.

검은 밤바다 위 청명한 밤하늘에 떠있는 별들이 아주 영롱했다. 무엇보다 춘근 내외와 함께 한 항해가 밤하늘의 빛나는 별만큼 잊기어렵다.

투니시아, 지중해 연안의 아후리카

세계지리학회가 투니시아 수도 투니스에서 열려 그리로 갔다. 지도제작자들에게 동해와 일본해의 병기를 요청하는 이유를 발표하기위해 그리로 갔다. 지중해 연안의 나라, 알제리와 리비아 사이의 작은 나라. 불란서 식민지. 그런 정도의 정보를 갖고 떠났다. 거기 가서야 투니시아가 옛날 한니발의 나라인 것을 알았으니 내 무지의 영역도 크다. 로마 제국을 위협했던 한니발의 나라. 왜 이 나라 사람들은 그들의 나라이름을 한니발이라고 짓지 않았던가. 아니면 카르타고라고 지어야지. 바보같은 친구들. 이 세상엔 나 같은 무식한 사람들이 너무 많은데.

기원전 도시국가 카르타고 유적지가 가장 인상적이다. 지중해가 바라보이는 언덕에 카르타고 중심의 성이 있었다. 카르타고는 카르타지 Carthage로 불러지고 있다. 불어발음인지. 로마병사들이 다시는 일어설 수 없게 초토화한 언덕에서 나는 어렸을 적에 배운 한니발 장군을 떠올리고 있었다. 그는 내가 내 생애 제일 먼저 읽은 영웅전에 나오는 인물이었다. 기원전 200년 전 스페인에서 피레네

산맥을 넘어 알프스 산맥을 넘어 로마로 쳐들어 간 용장, 그는 코끼리를 동원해 현대전의 전차군단으로 활용한 장군이다. 로마의 적들을 우방으로 포섭해 최고의 사령관으로 군림했다.

처음 가보는 나라는 어느 정도 긴장감을 준다. 파리로 가서 튜니시아로 가는 비행기를 타기위해 길고 긴 드골 공항 복도를 걸어갔더니 승객의 짐조사가 길고 긴 기다림의 줄을 뱀처럼 만들어내고 있었다. 아후리카로 가는 승객들이 모두 그리로 몰려 있었으니 기다림의 길이가 길 수밖에. 이런 자리에서 사람들은 인내를 배운다. 거기를 빠져 나와 투니스 행 비행기 탑승 문으로 나오니 아직 새벽이었다. 거기 의자에서 한참 졸고 있었더니 묘령의 여자가 옆에 앉는다. 그녀에게 시간을 물으니 아직 2시간 기다려야 한단다.

그 시간이 하늘이 내게 준 투니시아 공부시간이었다. 그녀는 투니시아 출신으로 불란서에 와서 공부했고 수학/컴퓨터 공학으로 박사 학위를 얻었고 불란서 대학에서 가르치고 있단다. 지금 방학중에 자기 고향으로 가는 길이라고. 그녀는 투니시아 역사, 현재의 정치상황, 그리고 경제, 화폐단위를 내게 친절하게 가르쳐 주었다. 달러를 디나로 바꿔야지 택시를 탈 수 있다고 설명해 주었다. 그녀는 어찌해 내가 투니시아를 방문하느냐고 묻는다, 그래서 한국과 일본 사이에 있는 바다명칭을 일본해라고 부르는데 한국인들에게는 그 이름이 불공정해서 그 이름을 고치도록 하기위해 지리학회에 간다고 했더니 그러냐고 알아듣는 듯했다. 그래서 지중해를 불란서 바다나 이태리 바다라고 부르면 투니시아 사람들이 좋아하겠는가 물었더니 실감하는 것 같았다. 그러면 안된다고 그녀는 말했다.

좋은 예를 들어서 설명해야 학생들의 이해가 빠르다. 동해/일본해 이름도 마찬가지다. 일본, 한국 이외의 사람들에게 바다명칭은 그리 심각한 문제가 아니다.

2시간 반 비행, 지중해를 건너 투니스 공항에 닿았다. 공항 은행에 가서 환전했더니 달러대 디나가 엇비슷하다. 택시기사는 처음 온 내게 바가지를 씌우려고 해서 15디나를 주고 내렸다. 호텔에 와서 물었더니 5디나만 주어도 된다는 것을. 다 그런거 아닌가. 눈치 빠른 아랍상인들이 삼국시대 한반도에 까지 와서 장사를 했는데 그 후예가 오직 눈치 빠르겠는가.

아리조나 사막에 온 기분. 종려나무가 만드는 그늘사이로 사람들은 다니고 지중해 바다바람이 그나마 숨쉴 수 있게 한다. 습도가 없어서 다행이지만 아주 없는 것도 아니다. 아후리카 호텔은 별 다섯개 호텔, 하룻밤 숙박료가 350디나. 미국보다 비싼 호텔은 후진국, 투니시아에 있었다. 장사꾼들의 나라. 워싱턴과 7시간 차. 낮잠을 자고 일어나 저녁거리를 걷는다.

서울 종로 같다. 사람들과 자동차가 함께 사는 거리. 저녁시간은 그들이 즐기는 시간. 분수대, 공원에 나와 더위를 식히고 있었다. 열대야를 지내기 어려운 사람들은 모두 밖으로 나와 밤 12시를 기다리고 있는 듯했다. 그래. 여기 사람들은 태양을 경배하기보다 달과 별을 경배하는 사람들이지. 이 나라 국기는 달과 별, 초생달이 그려져 있다. 조선이란 이름, 일본이란 이름은 태양을 바라보는 사람들을 보여준다. 잉카, 마야 문명, 스칸디나비아, 북 유럽나라들은 태양을 그리워하며 사는데 여기 사람들은 달과 별을 그리워하며 사는 이유를 알겠다.

저녁식사도 밤 9시에 한다. 밤의 활동, 늦게 자는 습관이 모두 자연조건에서 나온다. 아무도 그런 자연조건의 지배를 피할 수 없다. 아침해는 늦게 뜨고 저녁은 아주 늦게 온다.

바다명칭회의에서 나는 동해라는 이름이 버락 오바마 Barack Obama라는 이름보다 훨씬 부르기 좋은 이름이니 동해/일본해 병기가 성공적일 것이라고 전망했다. 오바마라는 이름도 뜨고 있는데 희망을 갖자고 말했더니 모두 웃고 있었다. 그러나 독도가 리앙크르트 Liancourt Rocks라는 이름으로 전환하고 있는 이 시대 한국인들은 눈 감으면 코 비어가는 세상에 살고 있다고 경고했다. 서글픈 시대를 살고 있다고. 일본에서 온 지리학자가 내게 관심을 보여 주었다. 그는 개인적으로 내 뜻에 동조한다고 말했다.

그리고 내가 영어로 시를 쓰느냐, 한글로 써서 영어로 번역을 하느냐고 물었다. 사회를 본 오레곤 대학의 머피 교수에게 내년에 나와 일본학자를 동시초청해 일본해/동해 바다이름 토론회를 주최하라고 일러 주었다.

목요일, 금요일 회의를 끝내고 토요일은 관광의 날, 우리 일행은 모자이크 박물관이라는 이름으로 불리는 바르도 박물관에서 가서 고대 시대 주로 목간통에 붙어있었던 타일을 뜯어내 전시하고 있는 벽화를 감상하고 있었다. 고대 지중해연안의 삶, 오리브 열매, 포도를 따는 사람들의 그림, 바다에서 물고기를 낚는 그림, 항해하는 사람들의 그림, 그리스 신화를 그림으로 옮겨놓은 벽화를 보고 나왔다. 그 다음에 메디나라는 역사유적지. 그러나 그냥 남대문, 동대문시장이다. 지금도 시장으로 움직이고 있다. 메디나는 아랍어로 도시, 성이라는 뜻. 언덕 위에 관청이 있고, 모스램 사원이 있고, 시장이 있고, 주거지가 있는 구조. 옛 성문이 그대로 남아있다.

점심식사를 하러가는 길 위에서 로마시대 물 저장고를 돌아보았다. 60킬로미터 거리의 수원지에서 여기까지 수도관을 묻고 물을 끌어와 저장한 과학기술이 바로 로마제국을 유지한 상징이다. 상하수도 공사가 바로 토목사업 civil engineering이고, 그것이 바로 문명이다. 동양은 상하수도 토목공사를 하지 않은 특징을 갖고 있다. 그래서 변소, 하수도 시설이 후진적이다. 문명 civilization은 변소, 하수도에서 시작한 사실을 우리들은 인식해야 한다.

점심식사는 지중해가 바라보이는 언덕 위에 있는 고급 음식점에서. 불란서 대통령 사르코지 내외가 들렀다는 유명한 음식점. 초록색 바다를 바라보며 바다생선요리를 들었다. 시디 부 사이드 Sidi Bou Soyd. "아! 그리운 옛날이어"라는 뜻을 지닌 도시.

점심 후 우리들은 카르타고 언덕에 올라가 고대 로마를 위협했던 한니발의 성터에 갔다. 유네스코 역사보전유적지. 한때 세계무역의 중심지, 지중해의 중심에 있었던 항구를 장악하고 있었으니, 그는 당시 카르타고의 식민지 스페인을 떠나 알프스 산맥을 넘어 로마로 진격할 수 있었으나 로마가 그의 나라, 바로 카르타고를 침공해서 회군할 수 밖에 없었던 불운의 눈물을 어찌하겠는가. 로마는 카르타고가 다시 일어설 수 없을 정도로 파괴했고, 이 땅위에 소금을 뿌려 식물도 살 수 없는 초토를 만들어놓았다고 전한다. 그도 지금의 터키 땅에서 자결하고 만다. 영웅의 비애가 아닌가.

마지막으로 지중해 연안에 있는 로마시대 목욕탕 유적지를 돌아

보았다. 대통령궁 바로 옆에 있는 유적지. 그러나 내 상상력으로는 어떻게 물이 들어와서 나갔는지 알 수 없고 남자와 여자가 따로 목욕했는지 알 수 없고, 단지 냉탕, 온탕, 사우나가 있었던 자리를 확인할 수 있었다. 하수는 바로 옆 바다로 나갔겠지. 아직 지중해 바다오염이 심각하지 않았을테니.

지중해 언덕의 집 담장 너머로 빨갛게 피어났던 보겐벨리아 bougainvilliers 꽃들이 고혹적이었다.

선인장들의 꽃들이 터지고 있었다.

저녁식사는 투니시아 사람들의 대중식당에서 양고기 스파게티와 맥주를 들고 나왔다. 어디 가나 오리브 열매, 포도가 나온다.

아후리카 나라 하나를 보고 왔다. 가을 겨울엔 선선한 날씨에 내륙의 사막여행을 즐길 수 있다고. 미래는 불확실하지만 불확실한 약속을 내게 하며 나를 태운 비행기는 투니스 공항을 떠났다.

최연홍

충북 영동 출신. 연세대, 미국 인디아나 대학에서 공부. 연세대 재학중 『현대문학』으로 데뷔. 미국 위스칸신 대, 버지나아 대 교수, 미 · 국방장관실 환경정책 보좌관 역임. 서울시립대 교수를 마지막으로 은퇴. 시집으로 『정읍사』, 『한국행』, 『최연홍의 연가』, 『아름다운 숨소리』가 있으며 에세이 집으로 『미국을 다시 본다』, 『섬이 사라지고 있다』 외 다수가 있다.

그의 글은 미국 워싱턴 포스트, 로즈 안젤레스 타임즈, 워싱턴 타임즈, 인디아나포리스 스타, 버지니안 파이롯트 외 여러 지면에 발표되었으며, 그의 단편소설은 미국의 대학교재에 수록되었다. 워싱턴 문인회 초대 회장을 역임했다.

코펜하겐의 자전거

초판 1쇄 인쇄 · 2010년 11월 21일
초판 1쇄 발행 · 2010년 11월 25일

저　자 · 최연홍
발행인 · 박성복
발행처 · 도서출판 월인
서울특별시 강북구 수유2동 252-9
등　록 · 제6-0364호
등록일 · 1998년 5월 4일
전　화 · (02) 912-5000
팩　스 · (02) 900-5036
www.worin.net

ISBN 978-89-8477-480-3 03810

값 14,000원